文化中国

中华优秀传统文化

❀

第八册

丛书主编

文新华

本册主编

潘婷婷　何宏伟

华东师范大学出版社
·上海·

图书在版编目(CIP)数据

文化中国:中华优秀传统文化.第八册/文新华主编.—
上海:华东师范大学出版社,2023
ISBN 978-7-5760-3894-1

Ⅰ.①文… Ⅱ.①文… Ⅲ.①中华文化-初中-教学
参考资料 Ⅳ.①G634.303

中国国家版本馆 CIP 数据核字(2023)第 107741 号

文化中国：中华优秀传统文化 第八册

WENHUA ZHONGGUO: ZHONGHUA YOUXIU CHUANTONG WENHUA
DI BA CE

丛书主编 文新华
本册主编 潘婷婷 何宏伟
策划编辑 曹祖红
责任编辑 游胜男
责任校对 刘伟敏
装帧设计 刘怡霖

出版发行 华东师范大学出版社
社　　址 上海市中山北路 3663 号 邮编 200062
网　　址 www.ecnupress.com.cn
电　　话 021-60821666 行政传真 021-62572105
客服电话 021-62865537 门市(邮购)电话 021-62869887
地　　址 上海市中山北路 3663 号华东师范大学校内先锋路口
网　　店 http://hdsdcbs.tmall.com

印 刷 者 上海新华印刷有限公司
开　　本 787 毫米×1092 毫米 1/16
印　　张 9.25
字　　数 145 千字
版　　次 2023 年 12 月第 1 版
印　　次 2023 年 12 月第 1 次
书　　号 ISBN 978-7-5760-3894-1
定　　价 48.00 元

出版人 王 焰

(如发现本版图书有印订质量问题,请寄回本社客服中心调换或电话 021-62865537 联系)

目　　录

第一章
方寸之间有天地

汉字和汉语历史悠久，源远流长。那一个个方块字连缀成书法风雅，那一个个词句绽放着语言芳华。方寸之间，大有天地。

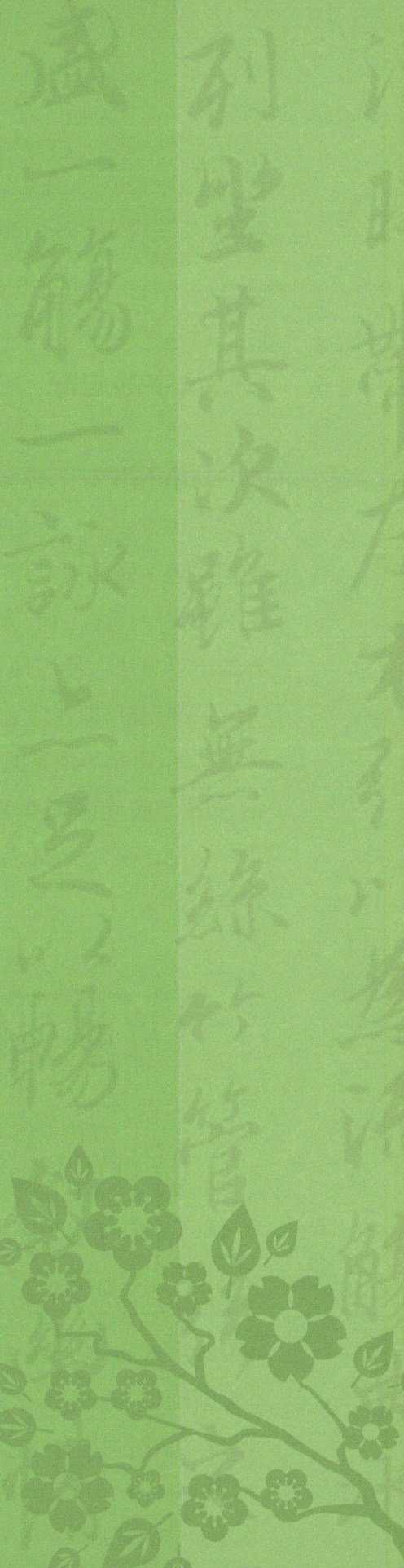

第一节　汉字溯源

一、汉字的起源

如果不用文字，你会用什么方法来记事呢？你可能会说，用语音，用视频，比文字更方便呢！可是在远古时期，咱们的老祖先没有这些先进的科技手段，他们是怎么做的呢？

在文字产生之前，人们为了帮助记忆，传递信息，交流思想，采用了各种各样的记事方法。使用最普遍的原始记事方法是结绳记事和契刻记事。

结绳记事，即在绳上打结来记事。古籍中对其方法有说明："结绳为约，事大大结其绳，事小小结其绳。"不论是用一根绳子打结，还是用多根绳子横竖交叉系结，归根结底，结绳记事只是一种表示和记录数目等内容的简单记事方式。

契刻记事，是在木片、竹片或骨片等载体上契刻一定的痕迹，以表达某种特定的意义。

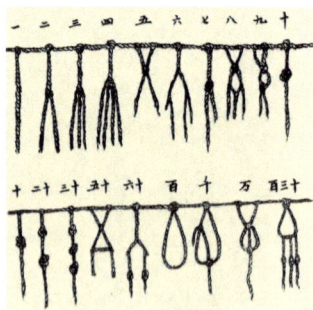

古代以绳结表示数目的方法

良渚文化陶器表面的契刻符号

由于结绳记事和契刻记事的不足，人们开始使用线条把要表现的事物具体勾画出来，原始图画由此产生。随着时间的推移，这样的图画越来越多，有些渐渐画得也就不那么逼真了，其中抽象性的符号被加强，并被赋予相应的读音，最终从图画中分离出来，形成了原始的汉字。

二、汉字的演变

原始汉字形成后，经历了漫长的演变过程。目前考证发现的最早的具有完整体系的汉字是甲骨文。甲骨文是商周时期刻在龟甲兽骨上的文字，已经是一种相当进步的文字。

到商代后期以及西周时期，人们开始较多地在青铜器上铸刻文字，这就形成了金文。和甲骨文相比，金文更趋于规范化和符号化，形象化的笔画减少，字形进一步稳定。

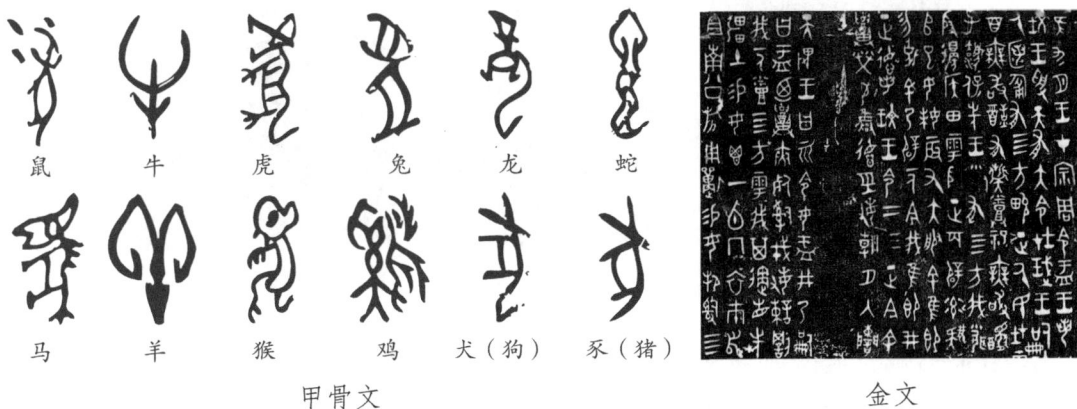

甲骨文

鼠 牛 虎 兔 龙 蛇

马 羊 猴 鸡 犬（狗） 豕（猪）

金文

到了西周后期，产生了大篆。大篆有两个特点：一是线条化，笔画变得均匀柔和；二是规范化，字形结构趋向整齐。大篆在春秋战国时期通行于秦国等地，而当时各诸侯国文字并不统一，地域差异较大。秦始皇统一中国后，推行统一文字的政策，李斯等人对大篆加以简化，创造出小篆。小篆字形长圆，整齐匀称，写法进一步规范，异体字数量明显减少。

在篆书的基础上，为适应书写便捷的需要，产生了隶书。到了汉代，隶书发展到了成熟阶段，汉字的易读性和书写速度都大大提高。隶书把小篆的圆转笔画改为方折，字形进一步简化，同时也使古汉字的象形程度大为降低，形体扁方而规整。

隶书草写就形成了章草。章草广泛流行于两汉，至汉末又进一步发展为今草。到了唐代，又有了笔势连绵回绕、章法跌宕奇诡、字形变化繁多的狂草。

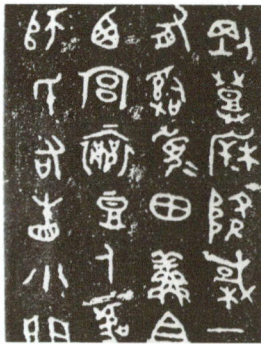

大篆

小篆

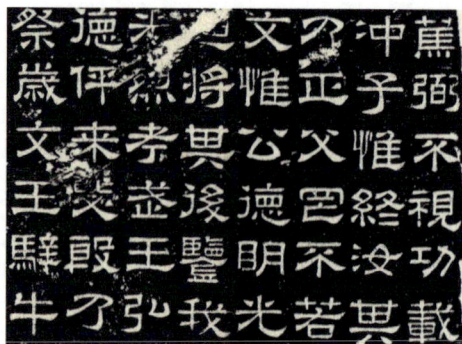

隶书

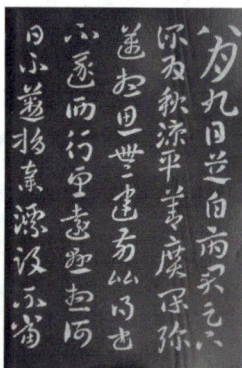

章草

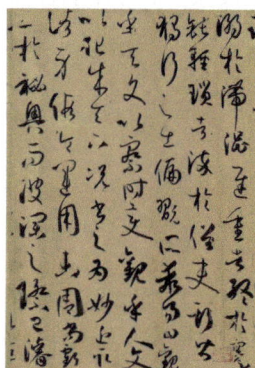

今草

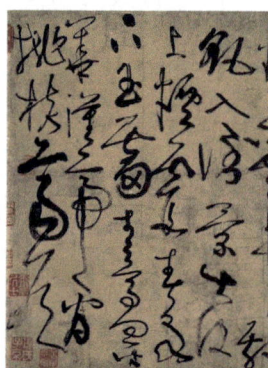

狂草

　　由隶书减省波磔则发展演变为笔画平整、形体方正的楷书。楷书始于汉末，盛于唐代，一直通用至今。

　　介于楷书和草书之间的书体是行书，其书写流畅，用笔灵活。行书相传始于汉末，传至今日，仍是我们日常书写所习惯使用的书体。

楷书

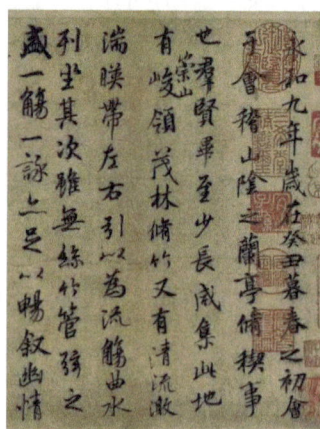

行书

拓展迁移

◎ 下面是一个常见字的三种不同书体的写法。你能写出它的楷书写法吗？

甲骨文　　　　　金文　　　　　小篆

第二节 行书赏珍

一、行书探源

　　行书大约形成于东汉末年，是古人为了弥补楷书的书写速度太慢，而草书又难以辨认的不足，创造出的一种介于楷书和草书之间的书体。"行"即"行走"，不像草书那样龙飞凤舞，也不像楷书那样四平八稳。实质上，它既是楷书的草化，又是草书的楷化。行书可分为行楷和行草两大类，楷书特征多于草书特征的写法叫"行楷"，草书特征多于楷书特征的写法叫"行草"。

　　楷书、草书、行书三种书法艺术各有千秋：楷书相对更偏重实用性，草书更偏重艺术性，而行书则二者兼取。

　　对于行书艺术，东汉之后历代多有评说。例如，明代丰坊在《书诀》中对行书艺术给出了形象的描述："行笔而不停，著纸而不刻，轻转而重按，如水流云行，无少间断，永存乎生意也。"行书飘逸流畅、书写快捷、易于辨识，便于率意表情，又应用广泛，因而从产生之时起便深受人们喜爱，迅速得到广泛传播。行书在经历了魏晋的黄金期、唐代的发展期后，在宋代达到了新的高峰，明、清两代亦有飞跃。纵观漫长的书法史，篆书、隶书等书体的发展存在盛衰的变化，而行书则自诞生后便长盛不衰，始终在书法艺术领域占据显要位置。

二、行书的布局特点

1. 错落优雅。

　　行书在按照古时书写习惯竖行书写时，采用"纵有行，横无列"的章法，单字的长短、大小和占用面积不尽相同甚至悬殊。由于一行字的字数不固定，便容许有的字写得较长，有的字写得较短；由于横向有一定的伸展余地，便容许写得较宽。如此布局，为行书在字形结构方面提供了相对自由的创作空间。

2. 左右挥洒。

汉字有伸向左右的撇捺笔画,书写时将它们向左右挥洒,不仅可以使字的神采得以展现,而且方便进行行间的错落穿插。"左右挥洒"是行书布局的常用方式。

3. 上下贯穿。

行气贯穿是行书布局的重要技巧。不论篇幅大小、字数多寡,整幅行书作品是一个统一体,行气须贯穿始终。这种贯穿体现四个和谐统一:笔触和谐统一,字形和谐统一,空间和谐统一,风格和谐统一。

4. 动静相宜。

行书有楷书的静,又有草书的动,采用倚正相依的手法,使字体活泼灵动又不东倒西歪,形成静中有动的气势;采用虚实对比、枯润变化的用笔手法,使字体取得动态平衡的效果。

三、行书的结构特点

1. 形体多变协调。

行书的每个字大小、轻重富于变化,搭配协调。一个字的笔与笔相连,字与字之间连带,既有实连,也有意连,有断有连,顾盼呼应。

2. 笔画收放结合。

行书的笔画一般是线条短的为收,线条长的为放;回锋为收,侧锋为放;多数是左收右放,上收下放,但也可以互相转换,不排除左放右收,上放下收。

3. 字架疏密得当。

行书的字架一般是上密下疏,左密右疏,内密外疏。中宫紧结,凡是框进去的部分留白越小越好，画圈的笔画留白也是越小越好。字距紧压，行距拉开，跌扑纵跃，苍劲多姿。

4. 用墨浓淡相宜。

行书的用墨通常是首字为浓，末字为枯。线条长细短粗，轻重适宜，浓淡相间。书写节奏快慢有致，平和、轻松又自然，体现疾与迟、动与静的结合。

四、行书名作鉴赏

1.《兰亭序》。

东晋永和九年（353）三月初三，时任会稽内史的王羲之与友人谢安、孙绰等40余人，在会稽山阴的兰亭雅集，饮酒赋诗。这些诗被辑合成集，王羲之挥笔为此集作序，遂有《兰亭序》。这篇序文记叙了山水之美和聚会之乐，同时也抒发了对于生死无常的感慨。

《兰亭序》真迹相传殉葬于昭陵，有摹本、临本传世。法帖相传之本，共28行，324字。该书笔法刚柔相济，线条流畅飘逸，结体婀娜俊秀，布局疏朗有致，取势纵横自如，呈现出中和温润的美感，流动着浑然天成的气韵。其书法艺术与所书内容完美契合，交相辉映，呈现出典雅、俊逸、潇洒的时代风格，被誉为"天下第一行书"。

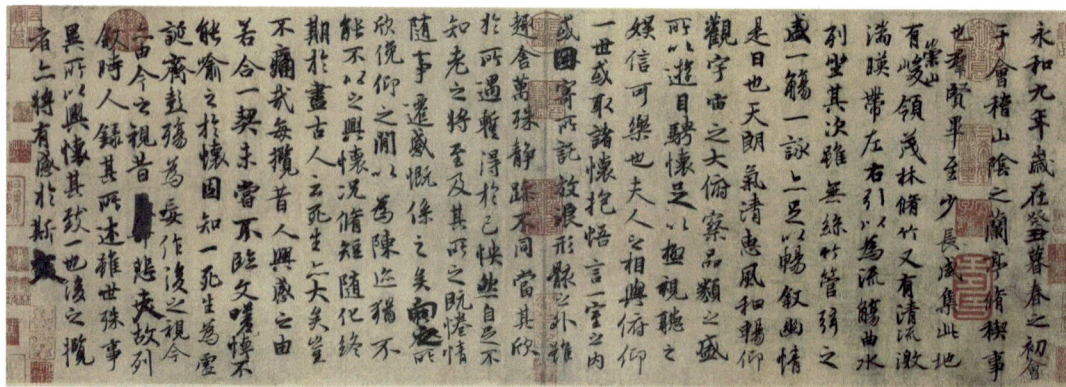

［晋］王羲之《兰亭序》

2.《祭侄文稿》。

《祭侄文稿》是唐代书法家颜真卿追祭从侄颜季明的祭文草稿。唐天宝十四载(755),安史之乱爆发,颜真卿的从兄常山太守颜杲卿及其子颜季明在平乱中被叛军杀害,颜氏一门30余人遇害。后来,常山收复后,颜真卿派人前往善后,从侄季明的遗骸仅寻得一颗头颅。颜真卿肝肠寸断,悲愤不已地写下了凛然正气、情动千古的《祭侄文》,其中满怀失去亲人的悲痛和对叛军的仇恨。《祭侄文稿》为这篇祭文的草稿。

《祭侄文稿》共23行,235字,又涂抹34字,合计269字。通篇情如潮涌,信笔狂书,运笔畅达果断,结体苍劲豪宕,字字如血似泪,一泻千里,虽圈点涂抹狼藉,然英风烈气磅礴,悲愤之情满溢,其悲壮的艺术效果震撼人心,被誉为"天下第二行书"。

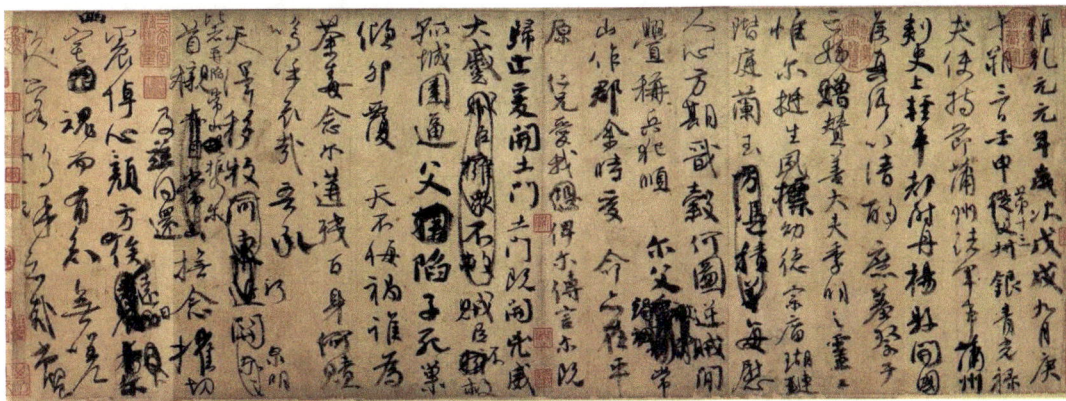

[唐]颜真卿《祭侄文稿》

3.《黄州寒食诗帖》。

《黄州寒食诗帖》所书内容为苏轼被贬黄州第三年寒食节所创作的两首诗,这两首诗苍凉深沉,表达了作者孤独惆怅的心情。该帖也正是在这种心情和境况下有感而书的。

《黄州寒食诗帖》共17行,129字。通篇一气呵成,迅疾而稳健,随着情感的变化起伏,字或大或小,或疏或密,有轻有重,有宽有窄,参差错落,变化万千,极富韵致。这幅作品淋漓尽致地展现了苏轼行书自创新意、天真灵动、超迈洒脱的特征,被誉为"天下第三行书"。

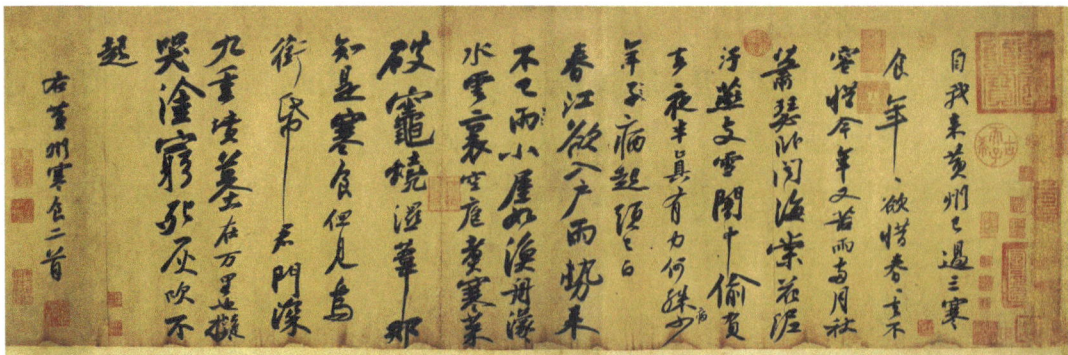

［宋］苏轼《黄州寒食诗帖》

拓展迁移

◎ 请再找一些书法史上的行书名作加以欣赏，体会这一书体的风格和韵味。

第三节　成语精要

一、成语要义

成语是在汉语的历史长河中积淀下来的为人们所普遍认同、接受和长期使用的固定词组，是比词的含义更丰富而语法功能又相当于词的语言单位。比如，"狐假虎威"既可以看作一个主谓结构的短语，又可以看作一个特定的词汇。

成语绝大部分出自古代诗文、历史故事、神话传说等，经历代沿用而传承下来，思想内涵深刻，价值取向鲜明，形式简练，易记易用，是中华文化中一颗璀璨的明珠。

成语与谚语的区别主要在于以下两个方面：一是成语绝大多数是约定俗成的四字结构，不能随意更改，如"胸无点墨"这个成语不能增字变成"胸中无一点墨"；而谚语则为口语形式的短句或韵语，字数有多有少。二是成语一般有明确的出处和典故，如"完璧归赵"出自《史记·廉颇蔺相如列传》；而谚语则多为人们生产生活的经验之谈，如"快刀斩乱麻""真金不怕火炼"等，一般是经过口头流传下来的，没有明确的出处。

二、成语的格式

汉语中成语的总量大约有三万条，其中四字成语约占90％，此外还有三字成语如"敲门砖""莫须有""想当然"，五字成语如"桃李满天下"，六字成语如"五十步笑百步"，还有字数更多的，如"醉翁之意不在酒"……

成语之所以绝大多数是四个字，与汉语本身的句法结构和古汉语以单音词为主有关，与四字结构易读易记也有关。比如，我国最早的诗歌总集《诗经》中的作品就以四字句为主，后来出现的启蒙读物《百家姓》《千字文》也都是四字句。

　　成语有固定的结构形式，不可随意改变，将其生造。例如"来龙去脉"不能改为"去脉来龙"，"汗马功劳"不能改为"功劳汗马"。成语在句子中通常作为一个整体来应用，可充当句子中的各种成分。

三、成语的含义和语法结构

1. 成语的含义。

　　在数以万计的成语中，有一些成语的含义可直接从字面得出，如"春暖花开"就是直接描述春天的景象。但更多的成语的含义往往不是其构成成分字面含义的简单相加，而是在此基础上进一步抽象概括出来的深层含义。如"狐假虎威"，其字面的表层含义是"狐狸假借老虎的威势"，而深层含义是指"倚仗别人的权势去欺压人"；又如"兔死狗烹"，其字面的表层含义是"兔子死了，猎狗就被人宰杀烹食"，而深层含义是指"事情成功后，把曾经出过大力的人抛弃或杀掉"；再如"废寝忘食"，其字面的表层含义是"不顾睡觉，忘记吃饭"，而深层含义是指"极其专心努力"，等等。因此，在使用成语时，要确切把握其含义，避免误用。

2. 成语的语法结构。

汉语成语的语法结构形态极其丰富，这里重点介绍以下几种常见类型。

主谓式成语：愚公移山、杞人忧天、万象更新、黔驴技穷……

联合主谓式成语：春暖花开、天翻地覆、水到渠成、莺歌燕舞……

动宾式成语：浪迹天涯、约法三章、逐鹿中原、墨守成规、沁人心脾……

联合动宾式成语：知己知彼、防微杜渐、发号施令、破釜沉舟……

联合名词式成语：三心二意、粗心大意、南辕北辙、镜花水月……

联合动词式成语：突飞猛进、勇往直前、生搬硬套、死缠烂打……

承接式成语：见异思迁、先斩后奏、炼石补天、触景生情……

因果式成语：唇亡齿寒、熟能生巧、水滴石穿、水落石出……

四、成语中的民族精神

成语在汉语数千年的发展过程中，将人们认同、赞许和弘扬的价值取向一代又一代地传承下来，连绵不绝地促进了中华民族精神的内在生成，这类成语本身也逐步成为中华民族精神的外在语言符号，成为积累下来的宝贵精神财富。

这里，我们通过三个例子来体会成语中的民族精神。

（1）自强不息。

这个成语出自《周易·乾》："天行健，君子以自强不息。"这句话的原意是：天的运行刚劲强健，不惧任何干扰并遵循自身规律，而君子处世与成事，应取法于天道，像天一样刚健运行，无惧任何艰难困苦，发奋图强，生生不息，勇往直前，追求美好未来。经历代传承弘扬，"自强不息"成为中国人崇尚的进取精神，进而升华为民族精神的核心内容之一，是中华民族薪火相传、继往开来的精神动力。

（2）厚德载物。

这个成语出自《周易·坤》："地势坤，君子以厚德载物。"这句话的原意是：大地的气势平顺敦厚，像一个巨大的容器，能够接纳万物生长，而君子也应该增强道德修养，在待人接物时像大地那样厚实宽广，心胸开阔，宽容他人。经历代传承弘扬，"厚德载物"成为中国人崇尚的宽容精神，进而升华为民族精神的核心内容之一，是中华民族修身待人的价值准则。

（3）同心协力。

这个成语的源头可追溯至《周易·系辞上》："二人同心，其利断金。"这句话的原意是：两个人一条心，就会产生很大的力量，如同锋利的刀剑能斩断铜铁。后人又对此作了进一步阐发，如《荀子·王制》指出"和则一，一则多力，多力则强，强则胜物"，《孟子·公孙丑下》强调"天时不如地利，地利不如人和"。经历代传承弘扬，"同心协力"成为中国人崇尚的团结精神，进而上升为民族精神的核心内容之一，是中华民族维护团结、凝聚集体力量的精神引领。

五、易错成语辨析示例

口头使用成语时，要注意防止读错音；书面使用成语时，要注意避免错别字。以下是易错成语辨析的几个示例。

（1）黯然失色。

这里要防止将"黯"错用为"暗"。黯然，阴暗的样子。"黯然失色"指事物相比之下显得暗淡无光；也形容心情沮丧，失去了原有的神采。

（2）按部就班。

这里要防止将"部"错用为"步"。部，门类。班，次序。"按部就班"指做事依照一定的道理和顺序；也比喻按老规矩办事。

（3）暴殄天物。

这里要防止将"殄"（读"tiǎn"）错读。暴，损害，糟蹋。殄，灭绝。"暴殄天物"指任意糟蹋、疯狂灭绝自然界的宝贵生物；后指任意糟蹋东西，不知爱惜。

（4）病入膏肓。

这里要防止将"肓"（读"huāng"）错读。膏肓，中医把心尖脂肪叫膏，把心脏和膈膜之间叫肓，认为此二者是药力达不到的地方。"病入膏肓"指疾病到了无可医治的地步；也比喻事态极为严重，到了不可挽救的程度。

（5）沧海桑田。

这里要防止将"沧"错用为"仓"或"苍"。沧海，大海（因水深而呈青绿色）。桑田，农田。"沧海桑田"比喻世事变化巨大。

（6）精兵简政。

这里要防止将"简"错用为"减"。精兵，保留能打仗的士兵。简政，去除无用或用处不大的机构，从而使机构简单高效。"精兵简政"指使队伍精干，使机构简化，从而提高效率。

（7）脍炙人口。

这里要防止将"脍"（读"kuài"）错读。脍，切细的肉。炙，烤熟的肉。"脍炙人口"原意是美味人人都爱吃；比喻好的诗文受到人们的称赞和传诵。

拓展迁移

◎ 通过猜谜游戏学习成语。

最荒凉的地方——不毛之地	最有价值的承诺——一诺千金
最遥远的地方——天涯海角	最彻底的改造——脱胎换骨
最大的手——一手遮天	最危急的时刻——千钧一发
最高的人——顶天立地	最高强的本领——开天辟地
最吝啬的人——一毛不拔	最大的被子——铺天盖地
最漫长的一天——一日三秋	最大的差别——天壤之别
最昂贵的文章——一字千金	最好的药方——灵丹妙药
最快的流速——一泻千里	最长的腿——一步登天
最洁净的东西——一尘不染	最大的嘴巴——口若悬河

第四节　对联趣话

对联，又称"楹联"或"对子"，是一种以对偶句为特点、受格律约束的文学样式，常常被用来悬挂或粘贴在壁间柱上。对联对仗工整，平仄协调，是古典诗词形式的演变，散发着中华语言文字的独特魅力。

一、对联的起源

对联相传起源于五代后蜀主孟昶在寝门桃符上的题词。古代春节有挂桃符的习俗，即在一寸多宽、七八寸长的桃木板上，画上传说中的降鬼大神"神荼"和"郁垒"的像，挂在门的两边，以驱鬼辟邪。据《宋史》记载，五代后蜀主孟昶"每岁除，命学士为词，题桃符，置寝门左右。末年（即公元964年），学士幸寅逊撰词，昶以其非工，自命笔题云：'新年纳余庆，嘉节号长春。'"孟昶题写的这两句联语，被视为中国最早出现的一副春联。到宋代时，对联被推广用在楹柱上，后普遍作为装饰及交际庆吊之用。

二、对联的种类

对联的分类方法有很多，按照不同的标准可将对联划分成不同的种类。

1. 按内容和用途划分。

根据内容和用途的不同，对联可分为：用于欢庆春节的春联，如"辞旧岁岁岁如意，迎新春春春快乐"；用于庆贺婚嫁、寿诞、开业、乔迁等的贺联，如"百年歌好合，五世卜其昌""福如东海大，寿比南山高""开张添吉庆，启步肇昌隆""喜落成华构盈门秀色，庆乔迁新居满屋春风"；用于凭吊、寄托哀思的挽联，如"文章卓越生无敌，风骨精灵殁有神"；用于装点、美化环境的装饰联，如西湖名胜"平湖秋月"处的楹联"万顷湖平长似镜，四时月好最宜秋"；用于勉励、警示的格言警句联,如"发奋识遍天下字,立志读尽人间书"……

2. 按表现形式划分。

(1) 根据字数的多少,可将对联分为短联和长联。一般将每联三到九个字的称为短联,超过九个字的称为长联。有的长联可达数十字甚至上百字。

(2) 根据上下联关系的不同,可将对联分为正对、反对和流水对。

正对是指上下联的内容相关或相似,从不同角度表达大致相同的意思,如"锦绣山河美,光辉大地春"。

反对是指上下联的内容相反或相对,形成鲜明对比,从正反两方面来说明同一个问题,如"未许田文轻策马,愿闻老子再骑牛"。

流水对又称"串对",指上下联分别孤立地看,意思不完整,只有把上下联连起来,才能表达一个完整的意思。流水对的上下联之间往往具有承接、假设、递进、因果、条件等关系,如"直登云麓三千丈,来看长沙百万家"。

(3) 有一些对联的构造方式很特殊,根据其构造技巧的不同,可分为拆字联、拼字联、藏字联、叠字联、回文联、谐音联、集联等。

拆字联是利用汉字的构字特点,采用离合汉字部件的方法将字拆开,又将其巧妙地组合在有一定意义的语句中编成的对联,如"冻雨洒窗,东两点西三点;切瓜分客,横七刀竖八刀"。

拼字联是在联语中将两个或两个以上的字拼合成一个字而构造的对联,如"少水沙即露,是土堤方成"。

藏字联是综合对联和谜语两种形式而创作的对联,其所藏的字在字里行间所蕴含的谜语里,如旧时客栈常用的联语"傍晚先投二十八,黎明早看三十三"(天文学上有"二十八星宿"之说,"二十八"中隐藏着一个"宿"字,佛经有"三十三天"之说,"三十三"中隐藏着一个"天"字)。

叠字联是用叠字手法创作的对联,如苏州网师园看松读画轩的对联"风风雨雨,暖暖寒寒,处处寻寻觅觅;莺莺燕燕,花花叶叶,卿卿暮暮朝朝"。

回文联是用回文手法创作的对联,其特点是正读反读完全一样,如"客上天然居,居然天上客"。

谐音联是利用同音异字、一语双关的手法创作的对联,如"两舟竞渡,橹速

（鲁肃）不如帆快（樊哙）；百管争鸣，笛清（狄青）难比箫和（萧何）"。

集联是指集录前人诗文中的语句组成的对联，如"举头望明月，把酒问青天"。

三、对联小故事

1. 纪晓岚妙对乾隆。

清代大文豪纪晓岚担任侍读学士时，每日陪伴乾隆皇帝读书，时间长了，不免思念起老家的亲友。乾隆皇帝也看出纪晓岚的心事，一天，他半开玩笑地对纪晓岚说："纪爱卿近日面色悒郁不乐，必有心事在怀，让朕来猜详一下如何？"

纪晓岚问："皇上如何猜详？"

乾隆吟道："口十心思，思妻思子思父母。"

纪晓岚立刻跪下说："皇上明察秋毫。如蒙您恩准，给假回乡省亲，臣衷心感戴圣恩。"说罢吟出下联："言身寸谢，谢天谢地谢君王。"

乾隆皇帝见纪晓岚才思敏捷，对仗工整，顿时圣心大悦，恩准假期，让纪晓岚回乡省亲。

这副对联为拼字联，上联"口""十""心"合成"思"字，下联"言""身""寸"合成"谢"字。

2. 李调元妙对唐伯虎。

清代蜀中才子李调元有一次到山中寺庙游玩，寺中长老素闻李调元的才名，热情招待了他。二人在禅室中交谈时，长老提出有一事相求。原来，这座寺庙里有一幅荷花图，是明代一位长老所画。当时恰好江南才子唐伯虎游玩到此，作画的长老就请他在画上题字。唐伯虎欣然提笔，写下了一句题词："画上荷花和尚画。"写完后，唐伯虎对长老说："若有人能对出下联，必是奇才！"然而，这么多年过去了，始终无人能

李调元塑像

对出下联。

李调元一看，便发现了这上联的妙处：它属于回文联，又兼用谐音，顺念反读字音完全相同。他略思片刻，提笔在唐伯虎的上联旁写出了下联："书临汉帖翰林书。"

这七个字与唐伯虎的上联对仗工巧，一书一画，珠联璧合，长老拍手称奇。

从此，这幅画连同唐伯虎、李调元的题联便成了这座寺庙的镇寺之宝。

3. 郑板桥巧猜对联。

清代书画家、文学家郑板桥担任潍县知县时，经常微服私访，体察民情。据说，有一年除夕，郑板桥带着随从在街上察访，只见一户人家的破旧大门上贴着一副对联：二三四五，六七八九。横批：南北。

郑板桥看罢，忙令随从回县衙取来米面和衣物。他们敲开这户人家的门，只见家徒四壁，一家老小衣衫褴褛。郑板桥将米面和衣物赠予这户人家，对方得济，含泪道谢。

离开这户人家后，随从不解地问："大人您如何得知这家人需要接济？"郑板桥笑道："人家在门口的对联上写得很明白了。'二三四五，六七八九'，不就是缺一（衣）少十（食）吗？横批'南北'，就是缺少'东西'啊！"随从恍然大悟。

[清]周榘《郑板桥先生行吟图》

拓展迁移

◎ 自己尝试写几副对联，并与同学们交流。

◎ 搜集一些具有特殊构造形式的对联，分析品味其妙处。

◎ 再找一些对联小故事，读一读，体会对联这一语言艺术形式的趣味。

第二章
字字珠玑蕴才思

　　经典诗文是中华优秀传统文化的重要载体。 这些优秀的作品字字珠玑，句句琳琅，弥漫着智慧、才思与情志的馨香。 让我们沿着经典诗文的长河尽情漫游吧！

第一节　经典诵读

一、诵读经典的意义

一个民族的延续，核心是其文化的传承。只有深入了解一个民族的传统文化，才能真正了解这个民族。法国作家罗曼·罗兰认为：为了探索一个民族内在的生命——它的各种行动的源泉——我们必须通过它的文学、哲学和艺术而深入它的灵魂，因为这里反映了它的人民的种种思想、热情和理想。

一个中国人，如果他从来没有读过《论语》《诗经》、楚辞、汉赋、唐诗、宋词等经典作品，如果他对于经典作品中所呈现的"天下为公"的理念，"宁为玉碎，不为瓦全"的风骨，"富贵不能淫，贫贱不能移，威武不能屈"的操守，"先天下之忧而忧，后天下之乐而乐"的胸怀，"位卑未敢忘忧国"的精神，"无为而无不为"的智慧，"己所不欲，勿施于人"的道德原则……这一切都一无所知，那么，他如何懂得什么是"中华民族"？

一个民族的传统文化系统有其永恒不朽之经典，这是其后世文化发展的源头。经典是民族智慧的结晶，经历了时光的打磨与沉淀，价值历久而弥新。诵读经典是启迪智慧的有效方式，同时还能帮助我们抑制浮躁，摒弃傲慢，缓解焦虑。

二、经典作品名句诵读

下面这些经典作品名句你熟悉吗？试试大声诵读吧！把你喜欢的句子摘抄下来，背一背，并在日常生活中努力付诸实践。

（1）不自见，故明；不自是，故彰；不自伐，故有功；不自矜，故长。夫唯不争，故天下莫能与之争。

——《老子》

【译文】

不自我表现，所以能更明智；不自以为是，所以能更彰著；不自我夸耀，所以能成就功业；不自高自大，所以能有长进。正因为不与人相争，所以天下没有人能与之相争。

（2）合抱之木，生于毫末；九层之台，起于累土；千里之行，始于足下。

——《老子》

【译文】

粗壮得需要两臂围拢才能抱住的大树，是由细如毫发的幼芽生长起来的；九层的高台，是由一块块土累积起来的；千里远的路程，是从脚下一步步走出来的。

（3）曾子曰："士不可以不弘毅，任重而道远。仁以为己任，不亦重乎？死而后已，不亦远乎？"

——《论语》

【译文】

曾子说："读书人不可不志向远大，意志刚强，因为他肩负重任，路途遥远。以实行仁道为己任，不是很重大吗？直到死才能罢休，不是很遥远吗？"

（4）子曰："见贤思齐焉，见不贤而内自省也。"

——《论语》

【译文】

孔子说："见到贤能的人就要向他看齐，见到不贤能的人就要反省自身有没有类似的缺点。"

（5）富贵不能淫，贫贱不能移，威武不能屈，此之谓大丈夫。

——《孟子》

【译文】

富贵不能使他的思想迷惑，贫贱不能使他的操守动摇，威武不能使他的意志屈服，这才叫作有志气有作为的大丈夫。

（6）至人无己，神人无功，圣人无名。

——《庄子》

【译文】

道德修养很高的人，没有偏执的自我；超凡脱俗的人，没有功用之心的烦恼；人生境界达到完备的人，没有世俗的名声之累。

（7）锲而舍之，朽木不折；锲而不舍，金石可镂。

——《荀子》

【译文】

雕刻东西，如果中途停止，即使是腐烂的木头也刻不断；如果坚持不懈地刻下去，那么即便是金属和石块也能雕刻成型。

（8）太山不立好恶，故能成其高；江海不择小助，故能成其富。

——《韩非子》

【译文】

泰山不以自己的好恶来选择土石，所以成就了它的高大；江海不分大小来容纳河流，所以成就了它的广博。

（9）玉不琢，不成器；人不学，不知道。

——《礼记》

【译文】

玉石若不经过雕琢，就不会成为器物；人若不学习，就不会懂得道理。

三、经典作品诵读推荐

1. 儒家经典——"四书五经"。

"四书五经"，是"四书"和"五经"的合称，包括九部儒家经典著作。

"四书"指的是《大学》《中庸》《论语》《孟子》。宋代以《孟子》升经，又以《礼记》中的《大学》《中庸》二篇，与《论语》《孟子》配合。南宋理学家朱熹撰《四书章句集注》，"四书"之名始立。

"五经"指的是《诗经》《尚书》《礼记》《周易》《春秋》，简称"诗、书、礼、易、春秋"。儒家本有"六经"，还有一本《乐经》，据说因秦始皇焚书坑儒而亡佚。"五经"之称始于汉武帝时期，当时设立五经博士，"五经"成为官学。

"四书五经"在南宋之后成为儒学的基本书目，是儒生学子的必读之书。这些儒家经典著作中保存着中国古代政治、思想、文化、经济、军事等各方面的资料，较完整地呈现了对中国社会与文化影响深远的孔孟思想，至今仍对中国人的道德规范、处世法则与价值观念等产生着影响，是中华民族宝贵的文化遗产。

2. 老庄哲学——《老子》《庄子》。

《老子》，又称《道德经》《道德真经》《五千言》《老子五千文》，相传是春秋末的老子所著，是中国历史上首部完整的哲学著作。《老子》共 81 章，约 5 000 字，前 37 章为上篇《道经》，后 44 章为下篇《德经》。全书的思想结构是：道是德之"体"，德是道之"用"。《老子》以"道"解释宇宙万物的演变，提出"道生一，一生二，二生三，三生万物"的观点，认为"道"是"夫莫之命而常自然"的，因而"人法地，地法天，天法道，道法自然"。

《庄子》，又称《南华经》，是庄子及其后学所著，与《老子》同为道家的主要经典。该书现存 33 篇，包括《内篇》7 篇、《外篇》15 篇、《杂篇》11 篇。《内篇》相传为庄子所撰，反映了庄子的核心思想；《外篇》《杂篇》为庄子门人及后来的道家所作，纵横百余年，形成复杂的体系。《庄子》中的文章想象丰富，汪洋恣肆，富于浪漫主义色彩；语言生动，大量运用寓言故事，多幽默讽刺，对后世文学影响很大。

3. 作诗启蒙——《笠翁对韵》。

《笠翁对韵》是中国古代一种蒙学课本，是人们学习写作近体诗词时，用来熟悉对仗、用韵、组织词语的启蒙读物，作者是明末清初文学家、戏曲家李渔（号笠翁）。该书仿照《声律启蒙》写成，分为上、下两卷，按韵分编，包罗天文、地理、山水、花木、鸟兽、人物、器物等的虚实应对；从单字对、双字对、三字对、五字对、七字对到十一字对，皆有大量示范对句；声韵协调，朗朗上口，其中不乏脍炙人口的佳句妙对，亦包含大量的典故。学诗者能通过阅读此书，获得语音、词汇、修辞方面的训练，同时也能学习到丰富的传统历史文化知识。

4. 唐诗集锦——《唐诗三百首》。

《唐诗三百首》是一部流传广泛的唐诗选本，清代蘅塘退士（孙洙）编。唐代是中国诗歌发展的黄金时期，仅《全唐诗》录存的诗作就有近 5 万首。《唐诗三百首》选录 77 家诗，共 310 首，后四藤吟社本又增补杜甫《咏怀古迹》3 首，按照五言古诗、七言古诗、五言律诗、七言律诗、五言绝句、七言绝句、乐府等诗体分体编排。这些作品大多为唐诗中家传户诵的名篇，较好地反映了唐诗的整体风貌和艺术水平。

拓展迁移

◎ 你还记得"四书五经"指的是哪些儒家经典著作吗？试着把它们写出来。

◎ 从推荐诵读的经典作品中自选一个篇目，与同学们分享诵读体会。

第二节　古诗绝咏

一、田园诗选读

田园诗是描写农村景物和农家生活的一类诗歌作品。诗人以田园风光和生活为审美对象，以细腻的笔触对其进行描绘，借以表达特定的情感，如对黑暗社会现实的不满，对宁静闲适生活的向往等。田园诗意境隽永优美，风格恬静淡雅，语言清丽洗练，多用白描手法。

术语辞典

白描：文学创作上的一种表现手法，即用简练的笔墨，不加渲染烘托，刻画出鲜明生动的形象。

归园田居（其三）

［晋］陶渊明

种豆南山①下，草盛豆苗稀。

晨兴②理荒秽③，带月④荷⑤锄归。

道狭草木长⑥，夕露⑦沾我衣。

衣沾不足⑧惜，但使愿无违⑨。

【注释】

①南山：指庐山。②晨兴：早起。③荒秽：指田间杂草。④带月：一作"戴月"。月夜走路。⑤荷：肩扛。⑥草木长：草木丛生。⑦夕露：傍晚的露水。⑧足：值得。⑨愿无违：不违背（归耕田园的）心愿。

【赏析】

这首诗八句短章，在40个字的有限篇幅里，描写了诗人隐居躬耕的情景，表达出了深刻的思想内容。

全诗可分为两层。前四句为第一层,写作者躬耕劳动的生活。

"种豆南山下,草盛豆苗稀。"此处化用西汉杨恽《拊缶歌》中"田彼南山,芜秽不治"之句,对劳作情况作总体交代。先指明耕种的是"豆",再说劳作的地点是在"南山下",五个寻常的字,将事情叙说得非常清楚。可诗人毕竟是"少学琴书"的文人出身,对于躬耕田亩缺乏经验,因而获得的是"草盛豆苗稀"的劳动成果。

"晨兴理荒秽,带月荷锄归。"不甚理想的劳动成果并没有使诗人灰心丧气,牢骚满腹。这两句写出了他勤勤恳恳、乐此不疲地从清早到夜晚躬身垄亩的情景。

后四句是本诗的第二层,抒写的是作者在经过生活的磨砺和对社会与人生的深刻思索之后,对真善美理想的执着追求和与黑暗社会现实、污浊官场的决裂。

"道狭草木长,夕露沾我衣。"道窄草深、夕露沾衣的具体细节描绘,显示出了从事农业劳动的艰苦。诗人身体力行,终日劳作在田野,对田家生活的艰辛有深切体会,它绝不像一些脱离劳动的文人墨客所描写的那般轻松潇洒。正如他在《庚戌岁九月中于西田获早稻》诗中所说:"田家岂不苦? 弗获辞此难。"种田人的生活难道不辛苦? 但谁也没办法推脱这一切。

"衣沾不足惜,但使愿无违。"对于诗人来说,可以选择的人生道路有两条:一条是出仕做官,虽能获取俸禄,却必须违心地与世俗同流合污;另一条是归隐田园,虽受躬耕之苦,却可以做到任性存真、坚持操守。在辞去彭泽令之职,解绶印归田的时候,他就已经作出了抉择——宁可肉体受苦,也要保持心性的纯洁。只要不违背躬耕隐居的心愿,农活再苦再累又有何惧? 这种思想已经成了诗人心中牢不可破的坚定信念。结尾两句可谓画龙点睛,毫不掩饰地直抒胸臆,点明了主旨。

人物档案

陶渊明(？—427)，一名潜，字元亮，私谥靖节，浔阳柴桑(今江西九江西南)人，东晋诗人。田园风光和隐居躬耕生活是其诗歌的主要题材。代表作品有《饮酒》《归园田居》等。他对后世田园诗和隐逸诗影响很大，被称为"古今隐逸诗人之宗"。

过①故人庄

［唐］孟浩然

故人具②鸡黍③，邀我至田家。

绿树村边合④，青山郭⑤外斜。

开轩⑥面场圃⑦，把酒⑧话桑麻⑨。

待到重阳日⑩，还来就菊花⑪。

【注释】

①过：拜访。②具：准备，置办。③鸡黍(shǔ)：指农家待客的丰盛饭食。黍，黄米。④合：环绕。⑤郭：古代城墙有内外两重，内为城，外为郭。这里指村庄的外墙。⑥轩：窗户。⑦场圃：场，打谷场、稻场；圃，菜园。⑧把酒：端着酒具，指饮酒。⑨话桑麻：闲谈农事。桑麻，桑树和麻。这里泛指庄稼。⑩重阳日：指夏历的九月初九。古人在这一天有登高、赏菊、饮菊花酒的习俗。⑪就菊花：指饮菊花酒，也有赏菊的意思。就，靠近，指去做某事。

【赏析】

这是一首五言律诗，写作者到一位村居的老朋友家里做客。诗中描绘了清静幽雅的田园风光和恬静闲适的农家生活，表现出老朋友之间真挚深厚的情谊，以及作者对田园生活的向往。全诗由"邀"到"至"到"望"再到"约"，一径写去，自然流畅，以亲切省净的语言，如话家常的形式，呈现了从往访到告别的过程。

"故人具鸡黍，邀我至田家。"首联开门见山，交代作者应故人之邀到田家做客，看似平淡无奇，但仔细体会，却别有一番况味。简单、随意的邀请和赴约，体现出情谊深厚，无需客套。"鸡黍"乃是具有农家特色的待客餐食，使得开篇即洋溢着浓厚的田园气息。诗的开头平实自然，毫无渲染，但对于全篇的气氛和情感，却是一个很好的导入。

"绿树村边合，青山郭外斜。"这里按照由近及远的顺序，描写故人村庄的自然景色。近处绿树环抱，远处城郭外青山逶迤。近景写出村庄环境之幽静，远景则呈现出更大范围内的开阔景象，二者结合给人以心旷神怡之感。其中"斜"字运用巧妙，描摹出青山之姿态。

"开轩面场圃，把酒话桑麻。"这是此次好友相聚的主要活动，开怀畅饮，对着窗外的打谷场和菜园，闲话气候、收成这类农事。无论是人物所处的环境，还是所谈论的话题，都使人领略到浓浓的泥土气息和田园风味。而随意放松地闲谈俗事，丝毫不涉及严肃、重大或高雅的话题，也更体现出好友关系之亲密、情谊之深厚。

"待到重阳日，还来就菊花。"作者深深为农庄生活所吸引，于是临走时向主人率真地表示将在秋高气爽的重阳节再来观赏菊花、品菊花酒。故人相待的热情，做客的愉快，主客之间的亲切融洽，皆蕴含在这淡淡的告别和相约之中。

全诗用语平淡无奇，叙事自然流畅，没有渲染雕琢的痕迹，然而感情真挚，诗意醇厚，诗境清新隽永，富有"清水出芙蓉，天然去雕饰"的美学情趣，历来被认为是田园诗中的佳作。

人物档案

孟浩然（689—740），襄州襄阳（今属湖北）人，唐代诗人。浩然为其字。早年隐居鹿门山，年四十游长安，应进士不第。后为荆州从事，患疽卒。诗与王维齐名，并称"王孟"。其诗清淡幽远，长于写景，多反映山水田园和隐逸、行旅等内容，尤善五言，在艺术上有独特的造诣。

四时田园杂兴①（其三十一）

[宋]范成大

昼出耘田②夜绩麻③，村庄儿女各当家④。

童孙未解⑤供⑥耕织，也傍⑦桑阴学种瓜。

【注释】

①杂兴：随兴写来，指没有固定题材的诗篇。②耘田：除草。③绩麻：把麻搓成线。④各当家：各人都有自己的活干。⑤未解：不懂。⑥供：这里是从事、参加的意思。⑦傍：靠着。

【赏析】

《四时田园杂兴》是诗人晚年退居家乡后写的一组田家诗，共60首，描写农村四季的景色和农民的生活，同时也反映了农民遭受的剥削以及生活的困苦。本诗是其中的一首，描写农村夏日生活的场景。

首句"昼出耘田夜绩麻"是说：白天下田去除草，晚上搓麻线。这句直接写劳动场面。次句"村庄儿女各当家"，"儿女"指作为村庄主要劳动力量的青壮年男女，"各当家"指男女都不得闲，各司其事。第三句"童孙未解供耕织"，"童孙"指孩子们，他们虽然不会耕田也不会织布，却也不闲着，因为从小耳濡目染，喜爱劳动，在大人忙碌的时候，他们"也傍桑阴学种瓜"，也就是在茂盛成荫的桑树底下学种瓜。这一充满童趣的场景表现了农村儿童的天真烂漫。

诗人用清新的笔调，对农村初夏时的紧张劳动气氛作了较为细腻的描写，具有浓郁的田园生活气息。

人物档案

范成大（1126—1193），字致能，号石湖居士，苏州吴县（今江苏苏州）人，南宋诗人。其诗题材广泛，以使金纪行诗和田园诗成就最高。诗歌语言清新自然，风格温润委婉，亦有少数作品风格峭拔。与杨万里、陆游、尤袤并称南宋"中兴四大家"。

二、送别诗选读

送别诗，又称离别诗、留别诗，是以离别、送行为主题的一类诗歌作品。古时候，由于交通不发达，通信不方便，亲人朋友之间常常一别数载难以相见，所以人们特别看重离别。离别之际，人们往往设宴饯别，折柳相送，有时还要吟诗话别。因此，离别就成为古代诗文一个常见的主题。这些作品在离别的感伤之外，还可能有其他寄寓：或抒发友情，或激励劝勉，或寄托诗人自己的理想抱负。

术语辞典

意象：指构成一种意境的艺术形象，这种艺术形象往往带有作者主观的情感。送别诗中常见的意象有长亭、杨柳、夕阳、酒等。

送杜少府之任蜀州①

[唐]王　勃

城阙②辅三秦③，风烟望五津④。

与君离别意，同是宦游⑤人。

海内⑥存知己，天涯⑦若比邻⑧。

无为⑨在歧路⑩，儿女共沾巾。

【注释】

①杜少府：王勃的友人，生平不详。少府，县尉的别称。蜀州，一作"蜀川"，即指蜀地。②城阙：指京城长安。③辅三秦：以三秦为辅，言在三秦的中枢。泛指当时长安附近的关中地区。该地古为秦国，秦亡后，项羽将其分为雍、塞、翟三国，故称"三秦"。④五津：蜀中岷江古有白华津、万里津、江首津、涉头津、江南津五个大渡口，合称"五津"。此处泛指蜀地。⑤宦游：离开家乡在外地做官。⑥海内：四海之内，即全国各地。⑦天涯：天边。⑧比邻：近邻。这两句是说，只要是互相了解的好朋友，即使彼此相隔很遥远，也和邻居一样。

曹植《赠白马王彪》："丈夫志四海，万里犹比邻。"这里化用其意。⑨无为：不要。⑩歧路：岔路，指分别之处。

【赏析】

诗人送好友去蜀地赴任，不知不觉间已行至城外。回望那长安城在三秦之地的护卫下显得气势雄伟；遥望那风烟迷蒙的蜀州，远在千里之外。好友此去，何日才能相会？离别的伤感涌上心头。但转念想到友人与自己皆是远离故土、宦游他乡之人，行旅离别实在是平常之极的事，不如乐观洒脱地面对，又何必徒伤别离？诗人于是劝慰友人：只要彼此心意相通，即使远隔千里，也犹如近在咫尺。可不要像小儿女一样，为离别泪湿衣巾。"海内存知己，天涯若比邻"一句道出了真正的友谊能超越空间距离的哲理，成为千古传诵的名句。

本诗一洗寻常送别诗的悲苦缠绵之态，体现出开阔的胸襟和超脱的情怀。

人物档案

王勃（约650—676），字子安，绛州龙门（今山西河津）人，唐代文学家。与杨炯、卢照邻、骆宾王并称"初唐四杰"。其在诗歌体裁上擅长五律，风格清新流丽，代表作品有《送杜少府之任蜀州》等；文多为骈体，辞采、气势兼具，代表作品有《滕王阁序》等。

送元二使安西①

［唐］王　维

渭城②朝雨浥③轻尘，客舍④青青柳色新。

劝君更尽一杯酒，西出阳关⑤无故人。

【注释】

①安西：指唐代安西都护府。诗题一作《渭城曲》。②渭城，秦代咸阳故城，汉代改名渭城，在今陕西咸阳东北，位于渭水北岸。③浥（yì）：润湿。④客舍：旅馆。⑤阳关：古关名，故址在今甘肃敦煌西南，为古时赴西域的要道。

【赏析】

此诗前两句写送别的时间、地点以及环境气氛。清晨雨后的渭城空气湿润清新，客舍周围的柳树在雨后显得更加青翠。这里描写的是极平常的眼前景，读来却风光如画，抒情气氛浓郁。古人有折柳赠别的习俗，诗中突出柳色的描写，用意在此。

三、四两句一气呵成，言浅意深。朋友"西出阳关"，不免经历长途万里的跋涉，备尝独行穷荒的艰辛寂寞。饯别宴上自是殷勤话别，诗中对此略去不表，而只突出"劝君更尽一杯酒"，这临别之际的最后一杯酒浓缩了全部真挚的情谊，包含着依依惜别的离愁别绪，对远行者处境和心情的深情体贴，以及前路珍重的殷切祝愿。

对于送行者来说，劝对方"更尽一杯酒"，不只是让朋友多带走自己的一份情谊，而且也是有意无意地延宕分手的时间，好让朋友再多留一刻。总之，三、四两句所截取的虽然只是饯别中一刹那的情景，却是蕴含极其丰富的一刹那。

全诗语言平易通俗，读来朗朗上口，情意流转。唐人曾将此诗谱曲，传唱一时。

人物档案

王维（约 701—761），字摩诘，祖籍太原祁县（今属山西），生于河东蒲州（今山西永济），唐代诗人、画家。诗与孟浩然齐名，并称"王孟"。山水田园诗成就突出，作品多通过田园山水的描绘，叙写隐逸情趣和佛教禅理。有"诗佛"之称。

别董大①二首（其一）

［唐］高　适

千里黄云白日曛②，北风吹雁雪纷纷。

莫愁前路无知己，天下谁人不识君③？

【注释】

①董大：一般认为是指当时著名的琴师董庭兰。其在兄弟中排行第一，故称"董大"。②曛：昏暗。③君：指董大。

【赏析】

这是一首送别诗，送别的对象是当时著名的琴师董庭兰。董庭兰在开元、天宝年间名震琴坛，是一位"高才脱略名与利"的音乐圣手。

此时的高适很不得志，到处浪游，身处贫贱的境遇之中。他在《别董大二首》（其二）中写道："丈夫贫贱应未足，今日相逢无酒钱。"但在此处所选的这首送别诗中，高适以开阔的胸襟和豪迈的语调，把临别赠言说得慷慨激昂，鼓舞人心。

前两句用白描手法写眼前之景：北风呼啸，黄沙飞扬，千里旷野，一片苍茫，以致云也似乎变成了黄色，本来璀璨耀眼的阳光现在也黯然失色，如同落日的余晖一般。大雪纷纷扬扬地飘落，遥望天空，唯孤雁出没寒云间。诗人在这荒寒苍凉的环境中送别友人，友人旅途之艰辛凄苦已见于言外。

后两句是对朋友的劝慰：此去你不要担心遇不到知己，天下哪个不知道你董庭兰啊！这样的临别赠语多么响亮，多么有力，于慰藉中充满信心和力量，激励朋友抖擞精神，大胆前行。这两句化悲凉为豪壮，使得全诗格调昂扬，醇厚动人。

人物档案

高适（约700—765），字达夫，渤海蓨（今河北景县）人，唐代诗人。诗与岑参齐名，并称"高岑"。其诗笔力雄健，气势奔放，洋溢着盛唐时期奋发进取、蓬勃向上的时代精神。

拓展迁移

◎ 读一读、背一背下面这首田园诗,并试作赏析。

四时田园杂兴(其四十四)

[宋]范成大

新筑场泥镜面平,家家打稻趁霜晴。

笑歌声里轻雷动,一夜连枷响到明。

◎ 读一读、背一背下面这首送别诗,并试作赏析。

广陵别郑处士

[唐]高 适

落日知分手,春风莫断肠。

兴来无不惬,才在亦何伤。

溪水堪垂钓,江田耐插秧。

人生只为此,亦足傲羲皇。

第三节 古文撷英

中国古文源远流长，历代流传下来众多脍炙人口的名篇。这些作品闪耀着中国古代语言与思想的光辉，是我们了解中国历史与文化，开启中华优秀传统文化大门的一把钥匙。本节从古文名篇中撷取了一些精彩句段，让我们一起品读赏析，领略优美的文辞和深邃的思想。

（1）古者富贵而名摩灭，不可胜记，唯倜傥非常之人称焉。盖文王拘而演《周易》；仲尼厄而作《春秋》；屈原放逐，乃赋《离骚》；左丘失明，厥有《国语》；孙子膑脚，《兵法》修列；不韦迁蜀，世传《吕览》；韩非囚秦，《说难》《孤愤》；《诗》三百篇，大底贤圣发愤之所为作也。

——［汉］司马迁《报任安书》

【译文】

古时候虽富贵但名字磨灭不传的人，多得数不清，只有那些卓异而不平常的人才能名垂后世，被人称颂。周文王被拘禁，将《周易》的八卦推演为六十四卦；孔子受困窘而作《春秋》；屈原被放逐，才写了《离骚》；左丘明失明之后，才著成《国语》；孙膑被截去膝盖骨，才撰写出《孙膑兵法》；吕不韦被贬谪蜀地，后世才流传着《吕氏春秋》；韩非被囚禁在秦国，写出《说难》《孤愤》；《诗》三百篇，大多是圣人贤士们抒发愤慨而写作的。

陕西韩城司马迁祠司马迁塑像

【赏析】

《报任安书》是司马迁写给其友人任安的一封回信。在文中，司马迁以极其激愤的心情，申述了自己受宫刑的不幸遭遇。其中，"人固有一死，或重于泰山，或轻于鸿毛"的英雄气概流传千古，表现出他坚守理想、坚韧不屈的精神。选段中所列举的古代卓绝之士，都是在困境中自勉自励而创造巨大成就的伟大人物。司马迁正是从这些先贤身上汲取了强大的精神力量,从而忍辱负重,坚定理想信念,最终完成《史记》巨著,名垂后世。

（2）闲静少言,不慕荣利。好读书,不求甚解。每有会意,便欣然忘食。

——[晋]陶渊明《五柳先生传》

【译文】

五柳先生安闲沉静,很少说话,不羡慕荣华利禄。他喜好读书,但读书只求领会要旨,并不在一字一句的解释上过分深究。每当对书中的内容有所领会的时候,就高兴得连吃饭都忘记了。

【赏析】

陶渊明自号"五柳先生",《五柳先生传》是他创作的一篇具有自传性质的散文。文中表明主人公三大志趣,一是读书,二是饮酒,三是写文章,塑造了一个不慕荣华、不求功利、怡然自得、安贫乐道的"五柳先生"的形象,表现了卓然不群的高尚品格,呈现出强烈的人格个性之美。

[明]陈洪绶《老莲抚古图册·五柳先生》(局部)

（3）简能而任之,择善而从之,则智者尽其谋,勇者竭其力,仁者播其惠,信者效其忠。

——[唐]魏徵《谏太宗十思疏》

【译文】

选拔有才能的人而任用,选择好的意见而听从,那么聪明的人就会施展他们的全部才谋,勇敢的人就会竭尽他们的气力,仁爱的人就会广施他们的恩惠，忠信的人就会奉献他们的忠心。

【赏析】

魏徵像

《谏太宗十思疏》写于唐太宗贞观十一年（637），是魏徵进呈唐太宗的奏章，意在劝谏太宗居安思危，戒奢以俭，积其德义。全文内容充实，一气呵成，结构谨严，论点鲜明，论据充分；说明问题直言不讳，语重心长，口气既严肃又谦恭，具有很强的说服力。此处所选文句主要说明"简能而任""择善而从"的重要性，意在劝谏人君应注重用人，让人才发挥其作用。

（4）古之所谓豪杰之士，必有过人之节。人情有所不能忍者，匹夫见辱，拔剑而起，挺身而斗，此不足为勇也。天下有大勇者，卒然临之而不惊，无故加之而不怒，此其所挟持者甚大，而其志甚远也。

——［宋］苏轼《留侯论》

【译文】

古时候所说的英雄豪杰人物，一定具有超过常人的节操。人在感情上总有一些无法忍受的事情，一个普通人被侮辱，往往会拔起剑，挺身上前搏斗，这不足以算是勇敢。天下真正有大勇的人，遇到突发的情形毫不惊慌，受到无缘无故的侮辱也不愤怒，这是因为他们胸怀极大的抱负，志向非常高远。

【赏析】

《留侯论》是宋仁宗嘉祐六年（1061）苏轼应制科考试时所作《进论》之一，是一篇著名的史论。文章根据《史记·留侯世家》所记张良受书于圯上老人及辅佐刘邦统一天下的事例，论述了"忍则胜，不忍则败"的道理。此处所选为文章开头首段，开门见山，劈头提出论点，确立全篇主脑。

颐和园长廊彩画《张良进履》

（5）夫夷以近，则游者众；险以远，则至者少。而世之奇伟、瑰怪、非常之观，常在于险远，而人之所罕至焉。故非有志者，不能至也；有志矣，不随以止也,然力不足者,亦不能至也;有志与力,而又不随以怠,至于幽暗昏惑而无物以相之,亦不能至也。

——［宋］王安石《游褒禅山记》

【译文】

道路平坦距离又近的地方,前来游览的人便多;道路艰险而又偏远的地方,前来游览的人便少。但是世上奇妙雄伟、珍异奇特、非同寻常的景观,常常在那险阻、僻远、少有人至的地方。所以,缺乏意志的人,是不能到达的;有意志,不盲从别人而停止,但是体力不足的人,也是不能到达的;有意志与体力,也不盲从别人而有所懈怠,但到了那幽深昏暗、令人迷乱的地方却没有必要的物件来辅助,也是不能到达的。

褒禅山

【赏析】

《游褒禅山记》是王安石游览褒禅山之后,以追忆形式写下的一篇游记。选段表达了作者对人生求索之路的感悟——只有具备志、力与相助之物这三个条件,才能到达理想的境地。

拓展迁移

◎ 下面这段文字探讨了学生与老师学问的对比,阐明了拜师求知的道理。请你试着理解作者的观点,并说说自己的看法。

是故弟子不必不如师,师不必贤于弟子。闻道有先后,术业有专攻,如是而已。

——［唐］韩愈《师说》

◎ 自主阅读本节涉及的各篇古文,选择一个你喜欢的段落进行赏析。

第四节　诸子寓言

　　中国古代寓言历史悠久，经典作品众多，其内容十分丰富，涉及国家治理、世态百相、为人处世、修身养性、思维和学习方式等许多方面，这些内容包含着社会发展的经验和教训，凝聚着中华民族的智慧。在先秦诸子百家中，不乏寓言高手，如墨子、孟子、庄子、韩非子等，都擅长运用寓言来说理，留下了许多经典作品。一起来读一读吧！

多 言 何 益①

《墨子》

　　子禽②问曰："多言有益乎？"

　　墨子曰："蛤蟆蛙蝇，日夜恒③鸣，口干舌擗④，然而不听。今观晨鸡，时夜而鸣⑤，天下振动。多言何益？唯其言之时也。"

【注释】

　　①选自《墨子间诂》，题目为编者所加。②子禽：墨子的学生。③恒：一直，不停地。④擗：同"敝"，疲劳。⑤时夜而鸣：在黎明按时啼叫。时，按时。

【译文】

　　子禽问："多说话有好处吗？"

　　墨子答道："蛤蟆、青蛙和苍蝇，白天黑夜叫个不停，叫得口干舌疲，然而没有人听它们的。你看那雄鸡，在黎明按时啼叫，可以使天下人起身。多说话有什么好处呢？关键在于说话要切合时机。"

【寓意】

　　说话不在于多，而在于切合时机，抓住关键，一语道破。

揠 苗 助 长①

《孟子》

　　宋人有闵②其苗之不长而揠③之者，芒芒然④归，谓⑤其人⑥曰："今日病矣⑦！予⑧助苗长矣！"其子趋⑨而往⑩视之，苗则槁⑪矣。

【注释】

①选自《孟子·公孙丑上》，题目为编者所加。②闵：同"悯"，担心，忧虑。③揠（yà）：拔。④芒芒然：疲惫的样子。⑤谓：对……说，告诉。⑥其人：他家里的人。⑦病矣：疲劳极了。⑧予：第一人称代词，我。⑨趋：快步走。⑩往：去，到……去。⑪槁（gǎo）：草木干枯，枯萎。

【译文】

宋国有一个人，忧虑自己的秧苗长得不快而把它们拔高一些。他非常疲惫地回到家，对他的家人说："今天我累极了！我帮助秧苗长高了。"他的儿子赶忙跑去一看，秧苗都枯萎了。

【寓意】

客观事物的发展自有其规律，人们必须按照客观规律去发挥自己的主观能动性，才能把事情做好。反之，单凭自己的主观愿望而忽视客观规律，即使动机和出发点是好的，结果也只能适得其反。另外，这个寓言故事还告诉我们，做事不可急于求成。

不龟手之药①

《庄子》

惠子②谓庄子曰："魏王③贻④我大瓠⑤之种，我树⑥之成而实⑦五石⑧。以盛水浆，其坚不能自举也；剖之以为瓢，则瓠落⑨无所容。非不呺然⑩大也，吾为其无用而掊⑪之。"

庄子曰："夫子固拙于用大矣。宋人有善为不龟手之药者，世世以洴澼絖⑫为事。客闻之，请买其方⑬百金。聚族而谋曰：'我世世为洴澼絖，不过数金。今一朝而鬻⑭技百金，请与之。'客得之，以说⑮吴王。越有难⑯，吴王使之将⑰。冬，与越人水战，大败越人，裂地⑱而封之。能不龟手一⑲也，或以封，或不免于洴澼絖，则所用之异也。今子有五石之瓠，何不虑以为大樽⑳而浮乎江湖，而忧其瓠落无所容？则夫子犹有蓬之心㉑也夫！"

【注释】

①选自《庄子·逍遥游》，题目为编者所加。龟（jūn），同"皲"，皮肤因寒冷或干燥而破裂。②惠子：宋国人，姓惠名施，做过梁惠王的相，为先秦名家代表人物。惠施是庄子的朋友，《庄子》中多次记述他与庄子的交谊与辩论，但这些

内容多为寓言性质，并不真正反映惠施的思想。③魏王：指魏惠王，即梁惠王。魏国原建都于安邑，国号魏；后迁都大梁，因此也称梁国。④贻（yí）：赠送。⑤瓠（hù）：葫芦。⑥树：种植，培育。⑦实：果实。⑧石（dàn）：容量单位，十斗为一石；一作重量单位，一百二十斤为一石。⑨瓠落：犹"廓落"，形容大而平浅的样子。⑩呺（xiāo）然：庞大而又中空的样子。⑪掊（pǒu）：砸破。⑫洴澼（píngpì）絖（kuàng）：漂洗丝絮。洴澼，漂洗。絖，同"纩"，丝絮。⑬方：药方。⑭鬻（yù）：卖，出售。⑮说：劝说，游说。⑯难：发难，这里指越国对吴国有军事行动。⑰将（jiàng）：统率部队。⑱裂地：割出一块地方。⑲一：同一，一样的。⑳樽：本为酒器，这里指一种形似酒樽，可以拴在腰上、浮水渡河的工具，俗称腰舟。㉑蓬之心：比喻心被茅草塞住而不通窍。蓬，草名，其状弯曲不直。

【译文】

惠子对庄子说："魏王送给我一颗大葫芦的种子，我把它种到成熟，结出的果实很大，有五石的容积。用来盛水，可它的坚固程度承受不了水的压力；把它剖开来做瓢，却因太大而无处可容纳。不是它不够大呀，我因为它大得无法派上用场而把它砸破了。"

庄子说："先生实在是不善于利用大的东西啊。宋国有一个人善于制作防止手皲裂的药，他家祖祖辈辈以漂洗丝絮为业。有人听说了，就请求用一百金买他的药方。这个宋国人召集全家族的人一起商议道：'我们世世代代漂洗丝絮，收入不过几金。现在卖药方一下子可以得到百金，就卖给他吧。'那人得了药方，便用它去游说吴王。越国来侵犯吴国，吴王让他统率军队。冬天，吴军与越军进行水战，把越军打得大败。吴王便割出一块土地封赏给他。同样是一贴防止手皲裂的药方，有的人靠它得到封赏，而有的人却免不了漂洗丝絮的辛劳，这是因为使用方法不同。现在你有五石容量的大葫芦，为什么不考虑把它作为腰舟而浮游于江湖之上，反而担忧它大得无处可容？可见你的心过于闭塞不通了！"

【寓意】

我们看待事物，不能仅凭自身立场与眼光判定其有用或无用，有小用或大用，而要善于转变思维与观念，因物而用。用而不当，则为无用；用而得当，则为大用。

拓展迁移

◎ 阅读下面的寓言故事，说一说它的寓意。

攘　鸡①

《孟子》

孟子曰："今有人日攘其邻之鸡者，或②告之曰：'是非君子之道③。'曰：'请损之④，月攘一鸡，以待来年⑤，然后已。'如知其非义，斯速已矣⑥，何待来年？"

【注释】

①选自《孟子·滕文公下》，题目为编者所加。攘，偷。②或：有人。③道：行为。④请损之：请允许我减少（偷鸡的次数）。损，减少。⑤来年：明年。⑥斯速已矣：就（应该）马上停止。斯，就。速，立即，马上。已，停止。

第三章
礼仪之邦美名扬

中国自古就是礼仪之邦，礼仪文明作为中国传统文化的一个重要组成部分，对中国社会的发展具有广泛而深远的影响。中华礼仪源远流长，内容丰富，涉及社会生活的方方面面。

第一节 中国古代的学校礼仪

中国古代学校一般都有礼仪教育的内容,即学礼、知礼、懂礼、讲礼、行礼,这对礼仪的传播和普及起到了极其重要的作用,而学校自身也是以礼仪治学,从而形成了学校的礼仪制度。

一、古代学校的重要礼仪制度

1. 释奠礼。

释奠礼为古代学校的祭祀典礼,即陈设酒食,祭奠先圣先师。荀子《礼论》把"礼"最核心的内容归结为"天地""先祖""君师"三项。他说:"礼有三本:天地者,生之本也;先祖者,类之本也;君师者,治之本也……故礼,上事天,下事地,尊先祖而隆君师,是礼之三本也。"释奠礼属于其中的"君师"之礼。古人认为,不仅君主是受天命而立,师者也是天之所命,因此先圣先师也享受着如同神灵一样的祭祀。

释奠礼始见于周代。早在商周之时,我国就已有官学的设置。周代建立起国学和乡学两个官学系统:国学是中央官学,设在王城和诸侯国都里,专为贵族子弟开设;乡学是地方官学,设在乡、州、党、闾等地方行政区域之中。周代的官学中,就有释奠先圣先师的礼仪。《礼记·文王世子》中记载:"凡学,春官释奠于其先师,秋冬亦如之;凡始立学者,必释奠于先圣先师。"周代释奠礼祭奠的对象为周公;汉代以后,加入孔子,周公、孔子分别被尊为先圣、先师;宋元以后,又尊孔子为师圣,将其作为祭奠的主要对象,此外还包括孔子的弟子。

释奠礼的形式是陈设酒食,行礼时有合乐,即音乐舞蹈合演。行释奠礼的场所,最初随学校而设,后代多建孔庙,每年定期在孔庙举行典礼。

释奠礼的目的在于通过祭祀的形式来表示尊师重道之意,提倡文明教化,引导学生遵循先师的教诲,勤于学业,发奋读书。历代统治者对释奠礼都很重视,释奠礼逐渐成为中国古代非常重要的祭祀典礼之一。

2. 释菜礼。

释菜礼是中国古代读书人入学时以蘋蘩之类的蔬菜祭祀先圣先师的一种典礼。释菜礼与释奠礼同为古代学校的重要祭祀仪式，而释菜礼的礼仪相对较为简约，祭品不如释奠礼丰厚，无合乐，程序简单。菜虽礼薄，然"明有忠信之行，虽薄物皆为可用"，简单的仪式中也包含着学子对先圣先师的崇敬和诚心向学的心迹。东汉应劭《风俗通义》中记载，孔子周游列国时曾困于陈蔡之间，连饭也吃不上，在这样的情形下，颜回仍在门口行释菜之礼，以示对老师的敬重和不离之意。

释菜礼大致在秦以后成为制度。到了唐代，释菜礼发展为成熟的太学开学典礼仪式。宋代时规定各级国立学校在四孟月（孟春、孟夏、孟秋、孟冬，即农历正月、四月、七月、十月）举行释菜礼。清代释菜礼尤其隆重，如顺治皇帝下令每月朔日行释菜礼，典礼上鼓乐齐鸣，文官主祭，武官相随，舞六佾，奏咸平之乐，行三跪九叩大礼。明清两代进士释褐（即新进士及第授官）也要举行释菜礼，意即在步入仕途之际向先圣先师致谢。

3. 束脩礼。

束脩礼是古代学生与老师初次见面时的一种礼节，也就是拜师礼。脩是干肉的意思，束脩为十条干肉，是古代诸侯大夫之间相馈赠的礼物。孔子曾说："自行束脩以上，吾未尝无诲焉。"意思是自愿送给他十条干肉来拜师的人，他没有不教诲的。自此，束脩被用以指称学生入学致送老师的礼物，束脩礼也发展演变成为一种学校的礼仪制度。行束脩礼时，学生向老师行跪拜礼，老师回答谢礼后，学生将带来的礼物呈送给老师。老师收下礼物，即表示同意学生跟随自己学习，师生关系就正式建立起来。束脩礼一直沿袭至明清，虽然后世拜师的赠礼种类多样，已不局限于最初的十条干肉，人们仍习惯把送给老师的酬劳称为束脩。

4. 视学礼。

视学礼是古代帝王视察学校的礼仪制度，形成于西周时期。西周的视学制度极为严密，每年天子亲临视学，视学礼规模宏大，仪式隆重。其目的不仅在于督察，更在于表达统治者对教育的重视，对先圣先师的敬重之意，以及对学生修道敬业的勉励。这一礼仪制度在中国历史上一直为历代所沿袭。

二、古代重要的学校礼仪场所——孔庙

　　孔庙，也称文庙、圣庙、夫子庙等，是祭祀孔子的祠庙，也是古代最为重要的学校礼仪场所。中国现存最早、最大的孔庙是曲阜孔庙。曲阜孔庙是在孔子逝世后第二年（前478），由鲁哀公下令，在曲阜孔子故居的基础上专门建造，已有超过2500年的历史。

　　西汉初年，汉高祖刘邦巡行经过鲁地时以太牢（古代帝王、诸侯祭祀社稷时，牛、羊、豕三牲全备为"太牢"）之礼祭祀孔子，开创了中国古代帝王祭孔的先河。自汉武帝"罢黜百家，独尊儒术"后，孔子的地位不断提高。东汉永平二年（59），汉明帝下诏在学校内祭祀周公和孔子。此后，祭孔逐渐成为一种制度。东晋孝武帝设国子学，

曲阜孔庙大成殿

并立孔庙，是为太学设立孔庙的开端，其后各朝均在京师立孔庙。唐贞观四年（630），唐太宗诏命州县学校皆建孔庙，从此孔庙遍布全国。据统计，到清末，全国有国学、府学、州学、县学、厅学等各级官学孔庙逾1700所。这类建在官学内的孔庙又称文庙。此外还有孔氏家庙、纪念孔庙、书院孔庙等。

　　由孔庙的历史发展可知，在中国古代，孔庙与学校联系密切，孔庙是各级学校的重要设施，甚至有因庙立学的情况。设学校教化儒经与立孔庙祭祀孔子，二者有机结合，共同促进了封建社会儒学的普及和传承。

　　除了作为具有象征意义和政治教化作用的礼仪场所之外，一座孔庙本身也可视为一所学校，具有直接的教育作用。它是儒家文化历史发展的积淀与物化，是传承儒家文化的重要载体。孔庙中的建筑、碑刻、礼器、乐器以及祭祀

礼仪、音乐、舞蹈等，都承载着传统文化与儒家思想，具有重要的历史价值和教育意义。

知识延伸

古代学校的名称

据记载，我国大概在4000多年前就已经出现了学校。夏、商、周三代学校的名称有"学""庠""序""校"等。这些名称后代仍有沿用。到汉代，最高一级的学校称为"太学"，后来历代又将太学改称"国子学""国子寺""国子监"。在中央官学之外，还有各类官立或私立学校，其名称有"书院""书堂""私塾""书馆"等。

拓展迁移

◎ 读一读下面的小资料，了解中国教师节的相关历史，并自主探究不同国家教师节的时间及庆祝方式。

中国自古以来就有尊师重教的传统。先秦时期的《吕氏春秋·劝学》中说"疾学在于尊师"，"尊师则不论其贵贱贫富矣"，阐明必须尊崇师者，无论其身份地位如何，这样才能使学问进益。《荀子·大略》中说"国将兴，必贵师而重傅"，强调尊师重教对于国家强盛的重要性。唐代思想家韩愈的古文名作《师说》通篇论述从师求学、尊师重教的道理，影响深远。北宋教育家李觏在其《广潜书》中所说的"善之本在教，教之本在师"等，阐发了尊师重教对于塑造民众品格、促进社会和谐不可替代的重要作用。在我国古代，虽然没有明确出现"教师节"这一节日名称，但是在孔子诞辰（农历八月二十七），历朝历代都要举行祭孔大典，因而这一天可以算作中国古代的教师节。

1931年5月，教育界知名教授邰爽秋、程其保等发起倡议，京沪教育界人士纷纷响应，拟定每年6月6日为教师节，并发表《教师节宣言》,这是中国历史上首次产生"教师节"这一专门的节日。虽然这个教师节没有成为法定节日,但在全国各地产生了一定影响。

1985 年 1 月 21 日,第六届全国人民代表大会常务委员会第九次会议正式通过同意国务院关于建立教师节的议案,决定每年的 9 月 10 日为教师节。

第二节　中国古代的师生关系

　　中国自古以来就有深厚的尊师文化，师者具有崇高的社会地位，受到人们尊敬。古人对老师的尊敬不仅体现在观念上，还通过具体的规范呈现出来。而师者作为被尊崇的对象，在广博的学问之外，更需要完善道德修养。这两方面构成了中国古代的师生关系。

一、古代的尊师文化

　　尊师重教是中华民族的优良传统，中国的尊师文化古来有之。

　　甲骨文的"教"字写作：𢻻，是个会意字，右边是一只手拿着棍棒之类的东西，即教师手中拿着教鞭；左边下半部分表示小孩子，上半部分的含义说法不一，有的解释为小孩子头上被打的记号，有的解释为算筹。但可以确定的是，"教"字表示的是手持戒具进行教导、监督、训示，从中可以看出教授知识、技艺者所处的地位。《说文解字》这样解释"教"字："教，上所施，下所效也。""教"反映了中国古代社会教师的教学状态及师生关系：教师为在上位之人，做出示范；学生处于下位，进行仿效。

　　《礼记·学记》云："凡学之道，严师为难。师严然后道尊，道尊然后民知敬学。""严师"即尊敬老师。这句话是说，在教育问题上，尊敬老师是最难做到的。只有老师受到了尊敬，大道才会被推崇，大道被推崇，然后百姓才会诚敬学习。

　　《吕氏春秋·尊师》云，"义之大者，莫大于利人，利人莫大于教"，"故教也者，义之大者也"，认为最崇高的事就是做对人有利的事，而对人有利的事，没有胜过教育的了，因此教师是最崇高的人。文中还提到，天子去太学祭祀先人，不把那些从前当过老师的人当作下人看待，而是与他们齐等，可见当时尊师的思想观念之浓厚。

　　荀子曰："言而不称师，谓之畔；教而不称师，谓之倍。倍畔之人，明君不内,朝士大夫遇诸涂不与言。"(《荀子·大略》)就是说,发表言论的时候不称道自己的老师叫作叛离,教学的时候不尊崇自己的老师叫作违背。背叛老师的人,贤明的君主不会接纳任用他,朝中的士大夫在路上遇见他不会和他说话。又曰:"故非礼,是无法也;非师,是无师也。"(《荀子·修身》)将教师与礼法并举,认为尊崇礼法和尊崇老师是修身的两件至关重要的事。

在这样的尊师重教思想观念影响下,中国古代上至天子,下至百姓,都将教育视为立国立身之本,并由此形成了一套尊师重教的礼仪风俗。

中国古代的尊师文化尤其体现在"敬师如父"的师生关系上。也就是说,在中国古代社会中,师生关系几乎等同于父子关系。人们认为,父亲有生养之恩,老师有教育之恩,二者对一个人的成长、成才同样重要。

《吕氏春秋》云"事师之犹事父也",古人求师学习,必须恭敬卑听,犹如颜回事孔子"不违如愚",同时还要像在家中侍奉父辈那样,在生活等方面照顾、服侍老师。

据《唐会要·皇太子见三师礼》载,唐太宗李世民教育他的儿子说:"汝之事师,如事我也。"在那个时代,统治者对待老师尚且如此看重,整个社会的尊师文化可见一斑。

知识延伸

古代对老师的称呼

师傅:古时老师的通称。该词源于"太师""太傅""少师""少傅"等官职的合称,因而在很长一段历史时期内专指帝王诸侯之师。后常用为学徒对业师的尊称。

师父:古时对老师的尊称。古人讲究"一日为师,终身为父",该词包含着将师者等同于父亲加以尊敬之意。

夫子:古代对老师的一种尊称,尤其流行于旧时私塾。

外傅:古人以保姆为内傅,以教师为外傅。

西席、西宾：古人会客，以西为尊，主东而客西。后遂称家塾的教师或幕友为"西席""西宾"。

先生：原指先出生之人，引申指有德行、有学问的长辈。后用于指老师。

老师：最初是对年辈最高的学者的称呼，后来成为传授学业者的通称。

二、古代的拜师仪式

在中国古代，学生要想跟从老师学习，首先要举行拜师仪式，这既是一种对师生关系的约定，也是尊敬师长、诚心向学的心意的表达。

古代的拜师礼仪较为复杂，在漫长的历史中不断发展演变。成熟、通行的古代拜师礼仪一般包括以下程序：主事者入席；延师晋堂就位；告天神；告祖宗；呈拜师帖；拜文房四宝；拜孔圣；明师回帖；奉呈学金；礼呈戒尺；开筵。

拜师仪式中，学生要带着肉干、芹菜、莲子、红枣、桂圆、红豆六种贽礼，向老师敬献拜师帖，并行三跪九叩大礼。老师收下贽礼后，对学生进行训勉，并回赠礼物。

知识延伸

古代拜师"六礼"的寓意

古代拜师仪式中学生向老师敬赠的六种贽礼包含着尊师重教、努力向学的寓意。肉干表示感谢师恩；芹菜寓意勤奋好学，业精于勤；莲子寓意苦心教学；红枣寓意早早高中；桂圆寓意功德圆满；红豆寓意鸿运高照。

三、古代的师德规范

中国古代的师生关系并非学生单方面的"唯师是尊",其对教师这一方也提出了严格的要求。

《荀子·致士》中提出了可以成为师者的四方面标准:"师术有四,而博习不与焉。尊严而惮,可以为师;耆艾而信,可以为师;诵说而不陵不犯,可以为师;知微而论,可以为师。"即作为

孔子讲学

教师,除了渊博的学识,还应具备尊严和威信,要有丰富的阅历和崇高的信仰,有讲授儒家经典的能力,并善于钻研和阐发精微的道理。

汉代之后,儒家思想占据主流地位,官方选拔教师时,依据儒家的理念,有一套严格的标准。这些标准主要包含以下几个方面:

首先,完善道德,为人楷模。德高望重是为师的重要条件,这一点是传统儒家文化赋予的教育理念。荀子说:"以善先人者,谓之教。"即用仁善的言行为他人率先示范,就是教育。可见师者自身首先必须具有仁善的品德,才能谈得上教育他人。

其次,严于治学,涵养学识。除了具有良好的道德品行外,教师还要有渊博的学识,并且还要孜孜不倦地钻研学问。《礼记·学记》中说:"学,然后知不足;教,然后知困。"教师在教学过程中,能够发现自己的不足之处,因此就需要进一步精研学问。只有不断提升自己的学识,才能胜任传道、授业、解惑的职责。

其三,热爱学生,诲人不倦。孔子说:"爱之,能勿劳乎?忠焉,能勿诲乎?"这一点同样适用于教育事业。对于教师来说,只有对学生有发自内心的热爱,才能真正用心教导。孔子一生诲人不倦,只要是向他诚心求学的人,无不给予教诲。这种乐教精神也是其被奉为至圣先师、万世师表的重要原因。

拓展迁移

◎ 查阅资料，写出三句有关尊师的名言警句，或讲一个古代的尊师小故事。

◎ 说说中国古代有哪些尊师礼仪。

◎ 仿照《三字经》的体例，编写一段"尊师三字经"。

第四章
文艺民俗竞风流

在华夏文明的沃土上，文艺民俗百花齐放，争奇斗艳。不同的文艺民俗形式折射出不同时代、不同地域人们的思想观念、审美趣味和生活情形。它们是中华传统文化的锦袍上最细致绮丽的纹饰。

第一节 中国传统戏剧

人们通常把中国传统戏剧称为"戏曲"，它是包含文学、音乐、舞蹈、美术、杂技等各种因素，而以音乐和舞蹈为主要表现手段的总体性的演出艺术。中国传统戏剧起源于原始歌舞，汉代有歌戏、百戏和角抵，唐代有歌舞戏和参军戏，北宋时形成宋杂剧，金末元初在北方产生元杂剧，戏曲创作和演出空前繁荣，明清时期各地方剧种广泛兴起，完整的戏曲舞台艺术体系也建立起来。

中国传统戏剧是中国古代文化艺术、道德观念、精神世界的历史产物，是中华传统文化的一个重要组成部分。它以富于艺术魅力的表演形式，为历代人民群众所喜闻乐见，并在世界剧坛上占有重要地位，与古希腊悲喜剧、印度梵剧并称为世界三大古剧。

术语辞典

瓦舍：又称"瓦肆""瓦子"，宋元时较大的城市里各种娱乐场所集中的地方，设有表演戏曲、杂技等的勾栏，也有各类店铺。

勾栏：又称"勾阑""构栏"，宋元时城市中百戏杂剧的主要表演场所。有的勾栏称为"棚"。勾栏内设有戏台、戏房（后台）、神楼、腰棚（看席）。

一、中国传统戏剧的"四功五法"

1. "四功"。

"四功"即唱、念、做、打，是中国传统戏剧表演的四种艺术手段，也是戏曲演员的四种基本功夫。其中"唱"是指演唱；"念"包括具有音乐性的吟诵和念白；"做"是指做功及表演，包括舞蹈化的形体动作和身段、姿势以及表情；"打"

是指武打功夫。其中,"唱"和"念"构成中国传统戏剧表演艺术两大要素之一的"歌","做"和"打"构成"舞"。

2. "五法"。

"五法"是指中国传统戏剧表演艺术的五种技术方法,包括手、眼、身、步、法。"手"指表演中的手势,"眼"指眼神,"身"指身段,"步"指台步,"法"指其他四种技术有机结合的表现方法(一说是指"甩发"技术)。

二、中国传统戏剧的行当

所谓"行当",是指戏曲演员所扮演的角色类别,也称"脚色"。依据舞台上各种人物的性别、性格、年龄、身份、扮相、表演风格以及技巧等因素进行综合归类,可以将中国传统戏剧的行当划分为生、旦、净、丑四种基本类型。每种类型下面有不同的分支。不同剧种的行当划分存在差异;一些剧种在四种基本行当之外,还包含一些其他类型的行当。

1. 生。

除了净和丑以外的男性角色统称为生。按照年龄、身份的差异,生可以分为老生、小生、武生等类别,各类别下面还可再细分。

[清]佚名《百幅京剧人物图》中的生角

2. 旦。

旦是女性角色的统称。按照年龄、性格、身份的差异，旦可以分为正旦（青衣）、花旦、武旦、老旦、彩旦等类别。其中，正旦一般扮演端庄、严肃、正派的女性角色；花旦一般扮演性格活泼或泼辣的青年或中年女性角色；武旦大多扮演勇武的女性；老旦扮演老年妇女；彩旦是女性丑角，多扮演滑稽、泼辣、爽朗或奸刁的中老年女性。

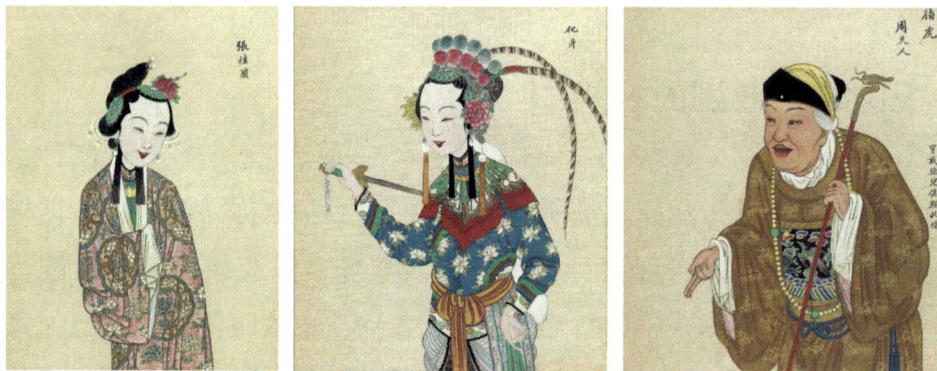

[清]佚名《百幅京剧人物图》中的旦角

3. 净。

净因面部化妆重施油彩而俗称"花脸""花面"，大多扮演性格粗犷豪放或阴险奸诈以及相貌特异的男性角色。净行的特点是演唱的声音宽阔洪亮，动作幅度大，造型独特，可分为以唱功为重的大花脸，以做功为重的二花脸，以武打动作为重的武花脸和人物形象奇特、舞蹈身段粗犷妩媚的油花脸。

[清]佚名《百幅京剧人物图》中的净角

4. 丑。

丑是扮演喜剧角色的行当,因化妆时在鼻梁上抹一小块白粉而俗称"小花脸"。丑扮演的人物形象种类较多,有的语言幽默、行动滑稽、心地善良,有的奸诈刁恶、悭吝卑鄙。丑的表演以念白为主,特色是嗓音清脆、口齿伶俐,不注重唱功。按照是否含有武打技术,丑可分为文丑和武丑两类。

［清］佚名《百幅京剧人物图》中的丑角

三、中国传统戏剧"三鼎甲"

中国传统戏剧源远流长,在漫长的发展过程中产生了众多剧种。据不完全统计,中国各地区的剧种有360多个,传统剧目数以万计。姹紫嫣红的中国传统戏剧百花园,以京剧、豫剧、越剧、黄梅戏、评剧这五大剧种为核心,其中京剧、豫剧、越剧又被评为中国传统戏剧"三鼎甲"。

1. 京剧。

京剧,又称"京戏""平剧",是中国流行最广、影响最大的戏曲剧种,被誉为"国粹"。清乾隆五十五年(1790),原来在南方演出的四个徽调班社进京演出,在嘉庆、道光年间同来自湖北的汉调艺人合作,相互影响,接受昆曲、秦腔的部分剧目、曲调和表演方法,并吸收一些民间曲调,汇集和融合各地方剧种的艺术精华,最终发展形成了京剧这一具有独特艺术形式和表演风格的剧种。

京剧的唱腔属于板腔体,以西皮、二黄为主要腔调;用京胡、二胡、月琴等管弦乐器和鼓、锣等打击乐器伴奏；表演上唱、念、做、打并重，多用虚拟性的程式动作，富于舞蹈性和节奏感。京剧较擅长于表现历史题材的政治和军事斗争，故事大多取自历史演义和话本小说，既有整本的大戏，也有大量的折子戏，此外还有一些连台戏本。京剧经典剧目众多，流传广泛的有《霸王别姬》《群英会》《打渔杀家》《三岔口》等 200 多个。

京剧的流行以北京为中心，遍布全国。在中外文化交流中，京剧也成为中国一张闪亮的名片，向世界各地的人们展示着中国传统文化和艺术的魅力。2010 年，京剧被联合国教科文组织列入人类非物质文化遗产代表作名录。

知识延伸

京剧脸谱

京剧脸谱是京剧演员面部化妆的一种程式，即用各种色彩在面部勾画出纹样图案，以彰显角色的忠、奸、善、恶等性格特征。京剧脸谱寓意褒贬，爱憎分明，富有图案美，具有鲜明的思想性和艺术性。

京剧中各种类型的人物大多有特定的脸谱谱式和色彩。一般来说，红色代表忠勇、义烈；黑色代表刚烈、无私、勇猛、直爽；白色代表奸诈、狠毒、阴险；油白代表自负、跋扈；蓝色代表刚强、骁勇、桀骜不驯；绿色代表顽强、侠义、暴躁；黄色代表凶狠、残暴、阴鸷；紫色代表忠贞、果断、老成、稳健；金银色代表神、佛、鬼怪和精灵。

人物档案

梅兰芳（1894—1961），名澜，字畹华，别署缀玉轩主人，艺名兰芳，原籍江苏泰州，生于北京，京剧表演艺术家。中国现代京剧"四大名旦"之一，京剧"梅派"创始人。擅演《霸王别姬》《贵妃醉酒》《凤还巢》《穆桂英挂帅》等剧目。曾担任中国戏曲研究院院长和中国京剧院院长等职。

　　梅兰芳出身京剧世家,8 岁学戏,10 岁登台。1915 年起,他大量排演新剧目,在京剧唱腔、念白、舞蹈、音乐、服装上均进行了独树一帜的艺术创新。1927 年北京《顺天时报》举办中国首届旦角名伶评选,梅兰芳与程砚秋、尚小云、荀慧生一同被举为京剧"四大名旦"。1937 年全国性抗日战争爆发,梅兰芳蓄须明志,拒绝为敌伪演出,直到抗战胜利才重新登台,表现出崇高的民族气节。

　　梅兰芳的一生,体现了不断革新、精益求精的敬业精神。他在舞台上塑造了众多特点鲜明的女性形象,善于将人物个性和丰富的思想内涵融于美的形象之中,给观众以心灵的净化和美的享受。他将诸多艺术领域的创作思想融入京剧艺术舞台表演之中,形成独特的艺术风格,创立了影响巨大的京剧流派——"梅派"。

梅兰芳在京剧《贵妃醉酒》中饰演杨贵妃

2. 豫剧。

　　豫剧也称"河南梆子""河南高调",形成于河南,系明代山陕梆子传入河南后,同当地民歌小调结合而成;一说由北曲弦索调演变而成。因早期演员用本嗓演唱,起腔与收腔时用假声翻高尾音带"讴",又叫"河南讴"。在豫西山区演出多依山平土为台,当地称为"靠山吼"。新中国成立后正式定名为豫剧。豫剧的流行地区分布甚广,包括河南全省以及陕西、甘肃、山西、河北、山东、江苏、安徽、湖北等省的部分地区,以至新疆、西藏都有豫剧演出。

　　豫剧由中原文化孕育而成,具有粗犷豪放、质朴醇厚、沉雄挺拔的美学特征。其音乐文场柔和舒畅,武场炽烈劲切;唱腔简单平直,节奏鲜明,极为口语化;唱词通俗易懂,多为七字句或十字句;表演风格朴实,乡土气息浓厚,深受观众欢迎。豫剧的传统剧目往往取材于历史小说和演义，如封神戏、三国戏、包公戏、杨家将戏等，代表剧目有《花木兰》《穆桂英挂帅》《七品芝麻官》等。2006年，豫剧被列入首批国家级非物质文化遗产名录。近年来，豫剧越来越多地走出国门，在海外的演出广受欢迎，被西方人称为"东方咏叹调""中国歌剧"。

人物档案

常香玉（1923—2004），原名张妙玲，河南巩县（今巩义）人，豫剧表演艺术家。豫剧"常派"的创始人。代表作有《花木兰》《拷红》《断桥》《大祭桩》《人欢马叫》《红灯记》等。曾担任中国戏剧家协会副主席、河南豫剧院院长、河南省戏曲学校校长等职。2004年，国务院追授其"人民艺术家"荣誉称号。

常香玉在豫剧电影《花木兰》中饰演花木兰

常香玉有着丰富的音色、宽广的音域、纯净的音质、正确的运气方法、宏大的发声共鸣、精巧的吐字技术和娴熟的润腔手段，唱腔字正腔圆，吐字清晰，表演细腻传神，规范精到，富有阳刚之美。她对前辈们的唱腔艺术进行全面继承和融会贯通，在演出中逐渐融合豫东祥符各调，并吸收曲剧、河北梆子、京剧等剧种的唱腔和表演艺术，独创了"常派"真假混合声演唱体系，为豫剧的演唱艺术开辟了新的天地。

3. 越剧。

越剧诞生于清末，前身是浙江嵊县（今嵊州）一带流行的曲艺形式"落地唱书调"，1906年春开始演变为在农村草台、庙台演出的戏曲形式，曾称"小歌班"

"的笃班""绍兴文戏"等。1925年9月17日上海"小世界"游乐场的演出广告中首次以"越剧"称之。越剧传入上海后，受到绍剧、京剧、昆剧、话剧等的影响，在表演、音乐等方面有较大发展，形成了写实与写意相结合的风格。此后越剧不断发展，打开局面，广受观众欢迎，主要流行于浙江、上海以及许多省份的大城市。

越剧长于抒情，以唱为主，声腔清悠婉丽，优美动听，表演真切动人，极具江南地方色彩；多以"才子佳人"为题材，代表剧目有《梁山伯与祝英台》《红楼梦》《碧玉簪》等。2006年，越剧被列入首批国家级非物质文化遗产名录。

人物档案

袁雪芬（1922—2011），浙江嵊州人，越剧表演艺术家。越剧旦角流派"袁派"的创立者，国家级非物质文化遗产项目越剧代表性传承人。代表作品有《梁山伯与祝英台》《西厢记》《祥林嫂》等。曾任上海越剧院院长、中国戏剧家协会副主席等职。

袁雪芬在越剧《西厢记》
中饰演崔莺莺

袁雪芬的表演和唱腔质朴平易，委婉细腻，深沉含蓄，韵味醇厚。她擅长依照人物的特定性格和感情创腔，不追求曲调的花哨，而注意以情带声，以真情实感和润腔韵味扣人心弦。在演唱上，她气息饱满，运腔婉转，喷口有力，吐字坚实而富有弹性，运腔中运用欲放又收、抑扬有致的处理，形成特有的韵味。她常根据唱词的寓意，采用特殊的节奏形式，改变原来较为平稳的字位节奏，使唱腔和唱词语气紧密结合起来，产生强大的艺术感染力。

拓展迁移

◎ 观看中国传统戏剧各大剧种的经典片段，以小组为单位，分享你最喜欢的剧种，说说你的理由。

◎ 了解中国传统戏剧的五大剧种，绘制一张五大剧种的地理分布图；通过走访或问卷调查的形式，了解各剧种在你所在社区受欢迎的程度。

◎ 选取一个你喜欢的京剧脸谱，用描摹的方式将它画下来，体会京剧脸谱色彩运用的艺术。

第二节　狮子舞习俗

狮子舞，又称"狮舞""狮子灯""舞狮子"等，是中国流传较为广泛的拟兽舞蹈，多在节庆活动中表演。狮子在中国传统文化中是一种瑞兽，可以驱魔辟邪，象征着平安吉祥。狮子舞寄托着人们消除灾害、求吉纳福的愿望，直至今天依旧活跃在中国的大部分地区。这一传统民间艺术有着悠久的历史，经过不断丰富与发展，形成了多样的种类与风格。

一、狮子舞起源的传说

狮子舞确切的起源已不可考，不过，民间流传着许多关于狮子舞起源的传说，从这些传说中，我们能看到人们对这一舞蹈形式的喜爱以及赋予它的文化内涵。

1. 汉代起源说。

相传东汉章帝时，西域大月氏国向汉朝进贡了一头金毛雄狮，使臣扬言汉朝若有人能驯服此狮，便继续来进贡，否则从此断绝邦交。汉章帝先后选派三人驯狮，均未成功。后来这只金毛雄狮狂性发作，被宫人们乱棒打死。宫人们为逃避罪责，将狮皮剥下，让一宫人和他的兄弟披上，装扮成金毛雄狮，并由另一人逗引起舞。此举不但骗过了大月氏使臣，连汉章帝也信以为真。此事后来传出汉宫，老百姓认为狮子舞为国争了光，是避祸趋吉的象征，于是纷纷仿效，表演狮子舞，狮子舞从此流行开来。

2. 封神起源说。

传说在姜子牙封神时，有一些兵将因没有封上神而恼恨，于是在人间作乱，散布瘟疫残害百姓。玉皇大帝得知后，便命狮子下凡驱除瘟疫。狮子大显神威，驱除了瘟疫，人们重新过上了安宁的生活。从那以后民间就有了狮子舞,用以驱瘟降魔。

3. 佛山起源说。

传说古时候广东佛山一带出现了一只凶猛的怪兽,它每到年关岁尾就窜到乡间伤害人畜,践踏庄稼,乡民不堪其苦,却又无法对付。有智者献计,用竹篾和纸扎成狮子的形状并涂上颜色,再集合勇士十数人,手持能敲响的器具,埋伏在怪兽的必经之处。当怪兽出现时,众勇士一拥而上,舞动"狮子",敲响器具,终于将怪兽吓跑。从那以后,怪兽不敢再来侵扰,人们的生活重新恢复了安宁。狮子舞的习俗从此传承下来,用以祈求庄稼丰收,安居乐业。

知识延伸

中国古代的狮子文化

故宫石狮

狮子本不产于中国,古代的自然狮群也未迁徙到中国大地。在我国历代史书中,最早出现关于狮子的记载的是汉代班固撰写的《汉书·西域传》,文中记述汉武帝派张骞出使西域之后,西域国家将狮子作为圣兽进献给汉朝。随着入献狮子的数量渐多,人们就对这种威武雄健的猛兽产生了兴趣,并赋予其高贵、权力、平安、吉祥等象征意义,狮子也因此成为中国传统文化中的一种瑞兽。作为祥瑞象征的狮子,以雕塑或纹样等形式被广泛用于装饰古代陵墓、官府衙门、百姓宅第、宗教场所以及日常器具,寄寓着人们护宅消灾、纳福呈祥的美好愿望。

二、狮子舞的历史

中国狮子舞的历史十分悠久。《汉书》中有关于"象人"的记载，三国魏孟康注："象人，若今戏鱼、虾、狮子者也。"这大概是最早出现的狮子舞。南朝曾几次增修前朝的百戏，狮子舞经加工提高被列入百戏节目之中。北魏京师举行佛像出巡活动时，有"辟邪狮子导引其前"，即以狮子舞开路。

到了唐代，狮子舞在原有的基础上得到了较大的发展和创新，特别是宫廷中的狮子舞已基本具备了大型乐舞的形制，当时的"五方狮子舞"风靡宫廷，倾倒长安。"五方狮子舞"即五只"狮子"分别站在东、西、南、北、中的位置上，狮皮有青、赤、白、黑、黄五色，由逗狮人逗引做祥和的舞态，表演时有庞大的乐队奏《太平乐》相伴。和前代相比，此时的狮子舞不仅表演形式更加丰富多彩，演出场面更加宏大壮观，而且已从百戏的综合性表演中逐渐独立出来，成为宫廷中的重要乐舞节目。唐代诗人白居

唐代彩泥塑舞狮俑

易在《西凉伎》一诗中对狮子舞的场面有生动的描述："西凉伎，西凉伎，假面胡人假狮子。刻木为头丝作尾，金镀眼睛银帖齿。奋迅毛衣摆双耳，如从流沙来万里。"

[宋]苏汉臣《百子嬉春图》

到了宋代，狮子舞一方面仍是宫廷宴会、典礼中重要的舞蹈节目，另一方面在民间广泛地流传开来，并因此呈现出浓厚的生活气息。宋代苏汉臣《百子嬉春图》中描绘了儿童舞狮的场面：两个儿童一前一后披着假狮皮扮成狮子；狮前有一儿童一手持绳，一手牵狮；旁边许多动作、神态各异的儿童正在观看、玩耍。这里狮子舞的场景颇似现在民间流传的"文狮"形式。

宋代之后，狮子舞成为民间普遍流行的娱乐活动，其在发展演变中大量吸收武术技巧，表演形式不断丰富，受到大众的喜爱。

三、狮子舞的种类

1. 文狮与武狮。

按照表演内涵的不同，狮子舞可分为文狮和武狮。

文狮以表演细腻、柔和稳重著称，着重于对狮子温顺可爱的性情的刻画，在表演中会模仿狮子搔痒、舔毛、抖毛、打滚、戏球、打瞌睡等具有动物本身生活特性的动作，或是表现具有一定故事性的内容，例如"母狮产子"等。

武狮的表演将武术、杂技与狮子舞表演相结合，技巧性很强，主要表现狮子的威武雄壮、勇猛矫健，在表演中常会出现直立、登高、跳跃、跌扑、腾翻、踩球等技巧性动作。

2. 南狮与北狮。

按照地域风格的不同，狮子舞可分为南狮和北狮。南狮在华南等地区较为流行，北狮则流行于长江以北的地区。

南狮又称"醒狮"，其造型偏重写意，狮头以戏曲脸谱作鉴，色彩艳丽，制造考究，不同色调的狮头代表不同的性格，在舞法上也有差异。南狮的狮头上还有一只角，用于狮子舞表演中经常出现的武斗。

南狮

南狮表演讲究意在和神似，力求通过夸张的造型和动作，表现狮子的内在神韵和气质。南狮的舞动造型很多，有起势、常态、奋起、疑进、抓痒、迎宾、施礼、惊跃、审视、酣睡、出洞、发威、过山、上楼台等。舞狮者通过不同的马步，配合狮头动作把各种造型和神态抽象地表现出来。

"采青"是南狮表演中常见的绝活。"青"代表需要狮子采摘、捕获的食物，一般是青菜和红包的组合。表演时将青菜和红包悬挂起来，"狮子"在"青"前舞动数回，表现犹豫，然后一跃而起，将其一口吞掉，再把青菜咬碎吐出，并向观众致意。为了增加娱乐性，有时还会加上特技动作，例如上肩（舞狮头者站在舞狮尾者肩上）、上竿（爬上竹竿）、过梅花桩等。

北狮的造型酷似真狮，狮头一般为木雕，眼睛、嘴巴、耳朵能动。舞狮者全身被狮毛覆盖，下身穿着和狮毛同色的裤子和花靴，尚未起舞时看起来已经是惟妙惟肖的狮子。北狮有雌、雄之分，狮头上有红结者为雄狮，有绿结者为雌狮，一般是雌雄成对出现，由装扮成武士的主人前领。有时一对大北狮会配一对小北狮，小狮戏弄大狮，大狮弄儿为乐，尽显天伦。与南狮着重表现威猛不同，北狮表演重技巧，较为接近杂耍，动作轻巧灵活，擅长模仿真狮；舞动以跌扑、翻滚、跳跃、搔痒等动作为主，配乐主要是用京锣、京鼓等。

北狮

拓展迁移

◎ 搜索影视剧中的一个狮子舞片段，与同学们分享并作简单介绍。

◎ 与同学合作，试着表演一段狮子舞。

第三节 中国的祠堂和家谱文化

祠堂和家谱文化是我国绚烂多彩的传统文化的重要组成部分，是儒家思想和宗族观念的象征，对于中国古代社会的维系和道德教化起到了重要作用。

一、祠堂文化

1. 祠堂概况及祠堂文化的历史。

祠堂是我国的一种传统建筑，是人们祭祀祖先或先贤的场所。崇拜祖先并立庙祭祀的现象，在原始社会后期就已存在。商代天子立祠祭祀祖先，到了周代，由于宗法制的确立与强化，庙制更加完备。而民间的祠堂，大约从西汉开始发展起来，当时的祠堂均建于墓所，称为墓祠。宋代理学盛行，朱熹《家礼》立祠堂之制，规定"君子将营宫室，先立祠堂于正寝之东"，"或有水盗，则先救祠堂，迁神主遗书，次及祭品，后及家财"。显贵大族于是纷纷建造祠堂。到了明代嘉靖年间，朝廷昭告天下士庶得祭祖先，可建祖祠，使得祠堂真正在普通百姓中普及。明清两代，民间祠堂大盛，遍布全国。其中，以浙江、江西、安徽、广东、福建等地区的祠堂文化最为兴盛，至今仍有较多保存完好的古代祠堂。

祠堂建筑一般比民宅规模大、质量高，以彰显对祖先的尊敬和家族的荣耀。现在留存下来的古代名门望族的祠堂往往都有高大的厅堂、精致的雕饰，用材上等，建造考究。

祠堂多数都题有堂号，即某一同族人的共同徽号，用以表明一个家族的源流世系，作为区分族属、支派的标记。堂号由书法高手书写，制成匾额高挂于祠堂正厅，旁边另挂有姓氏渊源、族人荣耀等匾额，讲究的还配有联对。

安徽黟县汪氏祠堂——乐叙堂

2. 传统祠堂的功能。

在中国古代社会，祠堂是各个家族最核心的空间，具有以下多种功能：

第一，祭奠祖先，凝聚宗族，勉励后人。祠堂的首要功能是祭祖，通过祭祖活动，让子孙后代崇尚孝道，不忘本源，并由此将整个家族凝聚起来。在中国古人心中，祠堂是祖先精神的所在地，是家族荣耀的象征。祠堂的布置以及定期的祭祀活动，能让族人思及祖先的德行和功绩，并以之为榜样，从中汲取精神力量，为传承家族荣耀而奋发。

第二，制订和执行族规，弘扬优良家风。古时大家族往往会制订一系列族规，规范和约束族人的道德行为。祠堂通常作为商议制订和颁布族规的场所。在神圣的祖宗面前订立规矩，能够触发族人的自律机制，引导其自觉遵守。祠堂同时也是执行族规、惩恶扬善的主要场所；族内如果发生大的纠纷，往往也是在祠堂召集族人进行公开处理。

第三，议决族内重大事务。祠堂也是族人的议事之所，如遇修桥铺路、办学修谱、扶困济贫之类的重大事务，族人往往聚集在祠堂，共同商议和决策。

第四，服务族人日常生活。由于祠堂的建筑面积一般都比较大，宗族内婚、丧、寿等仪式和宴会都将其作为主要场所，戏曲等文艺表演通常也都安排在祠堂里，供族人集体休闲娱乐。有的祠堂还附设学校，供族内子弟读书。因此，祠堂可以说是宗族内的主要公共生活空间。

二、家谱文化

1. 家谱概况及家谱文化的历史。

家谱又称"族谱""宗谱""家乘""房谱""世谱"等，是一个家族记载本族世系和重要人物事迹等方面情况的历史图籍，内容包括姓氏源流、家族迁徙、世系图录、人物事迹、风俗人情等。一部完整的家谱通常由谱名、谱序、凡例、姓氏源流、世系考、世系表、人物传记、祠堂、坟茔、家训族规、恩荣录、像赞、艺文、纂修人名、领谱字号等部分构成。

中国的家谱历史悠久，最早可以追溯到夏商周时期，殷墟出土的甲骨文中

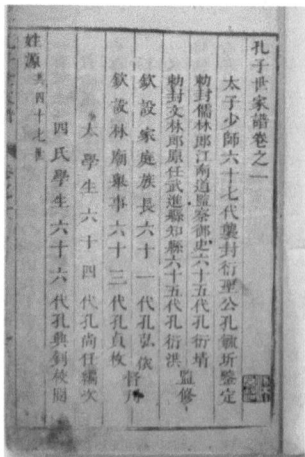

清代修纂的《孔子世家谱》

就有记载姓氏的骨片。后来家谱被用于记录帝王、诸侯的世系。到了魏晋南北朝时期，家谱成为世族通婚和做官的重要依据，从而很快发展起来。唐宋时期，民间私家修谱的风气逐渐形成。明清两代民间修谱十分兴盛。

家谱不仅记录着一个家族的发展轨迹，还包罗了该家族生息、繁衍、婚姻、族规、家约等历史文化的全过程。无数的家谱累积起来，有助于呈现古代社会的整体面貌。因此，家谱是我国历史文化的重要遗产，也是珍贵的人文资料，与国史、地志并称中华民族的三大文献。

2. 家谱文化的意义和价值。

家谱文化是中华传统文化的组成部分，在当代社会，合理传承家谱文化中正面、积极的部分，仍具有多方面的意义和价值。

第一，提升民族文化认同感，增强民族凝聚力。家谱是中国五千年文明史中最具有平民特色的文献，作为姓氏文化的表现形式，家谱记录了家族的历史，联结起以血缘关系为纽带的人们。家谱从家族史的角度阐释、反映、印证了中华民族的历史进程。家族渊源和世系图表是家谱中最为重要的内容，这是当代人寻根问祖的重要资料，通过家谱寻根问祖，解决"我从哪里来"的问题，能够提升华夏子孙对中华民族文化的认同感，对于增强民族凝聚力有着重要的作用。

第二，促进公民道德修养的提高。家庭是社会的细胞，更是熏陶培育子女的第一课堂。家谱中多有祖训家范、族规家戒、治家格言、优秀人物事迹等，可以说，一部家谱就是一本家族教科书，其包含的家族优良传统能对后辈起到引导作用，在潜移默化中影响人们的思维和行为模式，促进其道德修养的提高，进而汇集起来影响整个社会风气，有助于在全社会形成良好风尚。

第三，有助于多方面的研究。历代留存下来的家谱具有珍贵的文献价值，其中保存着中国古代政治、经济、军事、文化等方面的资料，可补正史、方志之不逮,有助于历史学、社会学、经济学、人口学、民俗学等领域的研究。

拓展迁移

◎ 向家人了解你的家族是否有祠堂或家谱,如果有,详细了解其历史发展情况及现状;如果没有,试通过网络搜索了解在全国范围内是否有同姓的祠堂和家谱。

◎ 试回忆你看过的哪部影视作品中有较多的祠堂场景,思考祠堂在剧中人物的生活中发挥着怎样的功能和作用。

第五章
鲜衣佳肴源流长

　　衣和食是人类生活最基本的要素。不同的国家、民族、地域在漫长的历史发展过程中形成了各自的服饰文化和饮食文化。一起在衣袂拂风和灶火炊烟间，品味华夏文明。

第一节 汉服风华

汉服，即汉民族传统服饰，是以"华夏—汉"文化为背景和主导思想形成的具有独特汉民族风格气质的传统服装和配饰体系。汉服相传始于黄帝，周代形成冠服制度，汉代进一步形成完备的冠服体系，其后继续不断发展，衍生出多样的款式和类别。汉服是中国古代礼仪文明和审美观念的体现，承载了织、染、绣等杰出工艺和美学，是中华优秀传统文化的一个重要元素。

完整的汉服体系包括首服、身服、足服以及配饰等，本节专门讨论其中的身服，即上身和下身所穿的服装。

一、汉服的基本形制

汉服历史悠久，源远流长，在几千年的发展过程中形成了繁多的样式，但从其基本形制看，主要就是衣裳制、深衣制、袍服制三种。

1. 衣裳制。

衣裳制即上衣下裳的形制，即把上衣和下裳分开来裁剪制作，上身为衣，下身为裳。《周易·系辞下》云："黄帝尧舜垂衣裳而天下治，盖取诸乾坤。"衣裳制相传起源于黄帝时期，是汉服最古老、最原始的形制。为表示对传统的尊崇，一直到明代，最高级别的男子礼服都采用衣裳制。

衣裳制有彰显礼仪的款式，也有便于劳作的款式，后来还衍生出上襦下裙、上袄下裙、上衣下裤的形制。

2. 深衣制。

深衣制是将上衣和下裳分开裁剪，然后在腰部缝缀形成整体，使之"被体深邃"，也即上下连裳。深衣上下分裁是为了遵循上衣下裳的古制，而将上衣下裳缝成一体是为了方便穿着，同时又可以将整个身体包裹严密，使之深藏不露，既反映了古人"天地人合一"的哲学思想，也反映了汉民族内敛含蓄、包容万物的文化品格。

深衣制大约形成于周代，很快便在社会上广泛流行开来。《礼记·深衣》云其"可以为文，可以为武，可以摈相，可以治军旅"，正因为深衣具有这样的特点，所以被广泛地用作礼服和常服。战国至汉代曲裾深衣和直裾深衣的普及和流行，使得深衣成为汉服中最具形象标识的形制。

3. 袍服制。

袍服制是一体通裁的汉服形制，即用一块布裁出上衣和下衣，中间无接缝，自然一体，明显区别于上衣下裳制和深衣制。袍服制汉服的种类很多，有圆领袍、襕衫、直裰、直身、道袍、褙子、长衫、僧衣等。从隋唐至明末，袍服制汉服十分流行，款式众多，男女皆可穿着。

术语辞典

衫：没有袖头的上衣，可分为衬在里面的短小的衫和穿在外面的较为宽长的衫。

袍：长至足背的外衣，有表有里，有广身宽袖和紧身窄袖两种样式。

襦：长度不过膝的短衣，有袖头，可以加絮，衣身较窄但合体，襦下必配裙。

袄：有衬里的上衣，长度介于袍和襦之间，为古时男女冬季常服。

袴、褶：袴，无裆的套裤。褶，有衬里的夹衣。袴与褶连称，即上衣下裤的形制，但这里的袴已经是有裆的裤子。

二、汉服的主要特征

1. 交领右衽。

交领是指衣服前襟左右相交。衽，本义为衣襟。左前襟掩向右腋系带，将右襟掩覆于内,称为右衽,反之称为左衽。右衽是汉服独有的一项明确的制度。孔子曾说:"微管仲,吾其被发左衽矣。"(《论语·宪问》)左衽与右衽被视为区分华夏与其他民族的重要标识。由于道家以左为阳,以右为阴,遂以右衽表示阳气胜过阴气,左衽反之,故而在汉服文化观念中,生人之衣必须右衽,而寿衣则为左衽。

2. 系带隐扣。

汉服主要通过衣带来系结,上身的带子有两对,左侧腋下的带子与右衣襟的带子是一对,右侧腋下的带子与左衣襟的带子是一对,将两对带子分别打结系住,即可牢牢固定住衣襟。另外腰间还有大带和长带,其兼有实用性和装饰性,还有权力和身份的象征性意义。汉服几乎不用扣子,即使用扣子也是隐扣,也就是隐藏起来不露在外面的扣子。

3. 褒衣大袖。

与西方服饰多追求勾勒人体曲线不同,汉服以宽衫阔袍为基本样式,造型宽松离体,包蕴含蓄,行动时衣衫拂风,气韵生动,极具东方美学意蕴。汉服的袖子又称"袂",其标准样式为圆袂,代表"天圆地方"中的"天圆"。袖宽且长是汉服袖型的一个显著特点。袖子的长度讲究"回肘过腕",即保证胳膊弯曲时袖子长度超过手腕。宽博的袖子使穿着者举手投足间显示出雍容典雅、飘逸灵动的风度。

当然,汉服中也不乏窄紧小袖的款式,但褒衣大袖一直是汉服的正统和主流,也是其主要特征。

三、汉服的用色与图案

1. 用色。

汉服的用色有一套礼仪规范,其主要受到古代阴阳五行学说的影响。古人以青、赤、黄、白、黑为五行色,这五种颜色是正色,被视为尊贵之色,用于地位尊贵者以及正式礼仪场合的服装。以阴阳五行学说为基础,又衍生出解释朝代更迭的"五德"观念。受此观念影响,中国古代各个朝代尊崇不同的德,因而也崇尚不同的颜色，比如秦尚黑，汉尚赤，唐尚黄。正色之外的其他颜色称为间色，间色为卑贱之色，多用于下裳以及普通百姓的常服。不过，在最初的冠服制度所规定的正色、间色的尊卑关系之外，各个时代人们的色彩观念也一直在发生着变化。比如，由于齐桓公好紫，紫色在春秋战国之后成为尊贵之色，长期用于贵族服装和高品阶官服；绀色在汉代受到人们欢迎，成为贵族服色之一。

汉服的色彩搭配也以阴阳五行思想为基本法则。五行中木、火属阳，金、水属阴，土处于正中位置，与之相对应，五色中青、赤两色属阳，白、黑两色属阴，黄为中间用色。根据阴阳理论，阴、阳相滋相长，必须同时存在，因而中国历代服色常用黑与赤、赤与白、青与白、青与黑搭配，从色相上反映出阴阳两极的互生性。而黄色由于象征中间位置，常作为单独的服色使用。从唐代开始，黄色曾长期被视为至尊之色，只有皇家才能穿用。

2. 图案。

汉服的装饰图案繁多，可分为以下几类：植物图案，如牡丹、莲花、菊花、石榴、常青藤、葡萄等，多运用折枝、缠枝、团花等形式；动物图案，如龙、凤、虎、狮、蝙蝠、鱼等；人物图案，如才子佳人、麒麟送子、狩猎纹等；景物图案，如亭台楼阁、山水等；自然元素图案，如日、月、云、水、火等；抽象图案，如回纹、联珠纹、如意纹等；字花纹，即以汉字作为元素的装饰图案。汉服上不同类别的图案往往复合出现，通过精巧的构图形成具有特定寓意的组合，如"十二章纹""八吉祥""儒学八宝""凤戏牡丹""五福捧寿"等。

总的来说，汉服的图案体现着富贵平安、吉祥如意等美好的寓意。另外，在政治功用方面，古代还以不同的官服图案作为区分品阶的标志。

四、汉服撷英

1. 曲裾深衣。

曲裾深衣是先秦至汉代常见的一种服装样式，是一种续衽绕襟的深衣款式。男性的曲裾深衣下摆较宽大，长度相对较

身穿曲裾深衣
的汉代女俑

短,只向身后斜掩一层,既便于行走,又能呈现端庄高贵之感。女性的曲裾深衣通身紧窄,缠绕身体几层,长可曳地,下摆一般呈喇叭状,穿着时行不露足,既符合当时尊崇的儒家礼制,又能突出女性典雅华贵的体态之美。曲裾深衣的衣袖有宽、窄两种款式,袖口多有镶边;通常为交领,且领口较低,以便露出里衣,最多可以露出三层衣领,时称"三重衣"。

2. 半臂。

半臂是魏晋之后由短襦演变形成的一种无领(或翻领)、对襟(或套头)的短外衣,袖长齐肘或更短,身长齐腰,以小带子当胸系结,多以各种丝织物为材料裁制,既可单穿,又可外罩或内衬。半臂男女皆可用,但主要作为女服,盛行于隋唐,其后各代一直为常规服装。

唐代壁画中身穿半臂的官女形象

3. 襕衫。

所谓襕衫,是一种上下通裁的长衫,多为圆领,腰间束带,领、袖、衣襟一般无缘饰,下摆处有一道接缝,称为"横襕",以示对衣裳制古意的恪守。襕衫约出现于北朝,在唐代得以发展,盛行于宋、明两代。唐代襕衫为圆领窄袖,为士人所服,后为官员常服。宋代文人士大夫以穿襕衫为尚,此时襕衫发展为宽袍大袖,衣身多为白色或米白色。明代时,襕衫成为生员的主要服饰,衣身多为玉色、蓝色或青色,又称蓝衫;此时出现无襕襕衫,以较宽的下摆衣缘代替横襕的象征意义。

宋代画作中身穿襕衫的文人形象

4. 褙子。

褙子,又称背子,对襟、直领,衣襟上既无纽结,也无系带,两襟用刺绣的宽带镶边,两腋开衩,长度可长可短,或到膝盖,或到脚踝,袖子有宽、窄二式,居家用窄。褙子在宋、明两代最为流行，是权贵士庶都可以使用的一种装束。官员穿着褙子只可作为衬里，妇女则可将其作为常服或次一等的礼服。

宋代画作中身穿褙子的女性形象

拓展迁移

◎ 选择你喜欢的一幅中国古代人物画，说说画中人物的服装样式。

◎ 查阅资料，了解汉服的常用图案组合及其寓意。

第二节　中国传统灶具和灶文化

饮食文化是中国传统文化的重要组成部分，而灶具在饮食文化中扮演着重要的角色。《释名·释宫室》云："灶，造也，创造食物也。"《白虎通·五祀》谓："灶者，火之主。人所以自养也。"中国传统灶具历史悠久，经历了漫长的发展演变过程。在烹饪饮食之外，传统灶具还衍生出丰富多彩的灶文化。

一、传统灶具的演变过程

传统灶具的演变经历了一个漫长的过程，可分为发生期、初步发展期、定型期、完善期四个阶段。

1. 发生期。

早在史前时期，我们的祖先开始学会使用火来烧烤食物，原始的灶便产生了。原始人类架起的篝火已经初具灶的雏形。农耕的出现使得人类得以定居下来，有了简易的房屋，于是人们将篝火从室外移至室内，从而产生了更易于保存火种的火塘。

新石器时代普遍的烹饪方式是将陶釜等器皿架在火塘上进行炊煮。火塘是一种半开放式的用火设施，在使用过程中热量损失较大。人们为了提升发热效率，对火塘进行了封闭化的改进，从而演变出固定式火灶和可移动式的单

半坡遗址发掘的双联地灶

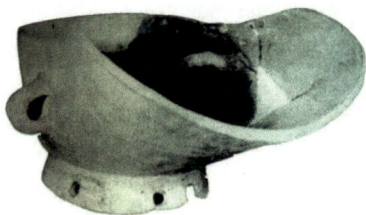
河姆渡文化遗址出土的陶灶

体灶两类灶具。固定式火灶由灶门、火膛、灶台、火眼等部分组成，最初是在地面挖出灶坑建造而成。根据考古发现，在距今六七千年的新石器时代中晚期，已经出现了这种原始的地灶。可移动式的单体灶是将火塘上架置炊具的三脚架围起来，留下灶口和上部出烟口制作而成，一般为陶质，少部分为土质或石质。单体陶灶一般与陶釜组合起来使用，后来还演变出灶釜一体的形式。

2. 初步发展期。

夏、商、周和春秋战国时期属于中国古代灶具的初步发展期。这一时期青铜文明繁盛，贵族阶层流行列鼎而食，鼎、鬲、甗等青铜炊器在其生活中占重要地位，而这类炊器大多是放置在火塘上使用，与灶具并不适配，因而灶具的发展受到一定限制。这一阶段出现了青铜制作的单体灶具。在固定式火灶方面，人们为了操作方便，逐渐将灶台提高，出现了简易的锅台式灶。同时，为了方便排烟，灶台被移至居室一角，位置逐渐固定下来。

知识延伸

有趣的青铜虎形灶

1988年太原市金胜村赵卿墓出土的青铜虎形灶，是春秋时期的一件青铜单体灶精品。该灶通高162厘米，灶体高22厘米，长46厘米，宽38厘米。整套灶具一组七件，由灶体、釜、甑以及四节烟筒组成。它以虎头为灶身，虎口为灶门，两侧上方虎目圆瞪，虎背上有灶眼，上面放有釜，釜上有

青铜虎形灶

甑。虎颈后面为烟道，烟道上以子母口连接烟筒，状若虎尾。四节烟筒连接起来可形成一个长约 160 厘米的烟囱。灶体两侧有一对提手铜链，便于移动和携带。灶体内有凸起的小齿，便于搪灶挂泥。炉膛涂泥后既可以保温，又能节省柴薪，也能保证炉膛的热量集中。灶体、釜、甑皆有精美纹饰。这件古老的青铜灶具艺术性与实用性兼具，显示出高妙的设计智慧和铸造工艺。

3. 定型期。

秦汉时期，人们列鼎而食的习惯改变，绝大多数炊具必须与灶相结合才能进行烹饪活动，灶因此成为烹饪活动的中心，迅速发展定型。这一时期盛行以砖块垒砌的固定式火灶。另外，由于灶具成为重要的随葬明器品种，陶灶这一形制又重新发展和流行起来，这些陶灶是现实生活中使用的灶具的模型。

汉画像砖庖厨图

汉代墓葬中的陶灶明器

这一时期，劳动人民在生活实践中不断发挥聪明才智，对灶具进行改进，增大了灶膛空间，科学合理布局灶台，设计出多火眼灶，可一灶多用，节省能源和烹饪时间；出于卫生、隔热考虑，开始使用围屏，并将其作为装饰；在灶旁设置盛水容器，利用灶体温度热水，提高燃料利用率。人们还设计出曲尺形烟囱，来解决烹饪过程中废烟废气的排放问题。这一时期的灶具已经具备了现代灶具的主要特征，并形成了我国以柴草为燃料的固定灶具形制。从西汉中期开始，在实用功能之外，灶具还日益增添了审美元素，比如灶面的花纹和图案等。

4. 完善期。

汉代以后，中国传统灶具进一步发展完善，人们对灶具进行了多方面的改进，使其功能更全面，设计更合理，更能满足烹饪需要。从三国两晋到隋唐时期，灶上挡火墙高度的提升使得锅台前的烹饪者免受烟熏火燎之苦，同时也改善了饮食制作的卫生状况；息薪炭罐的使用使得人们能将未烧尽的柴火放进罐内熄灭，留待下次燃烧，节约了能源；火钳延伸了人的手臂，帮助处理灶膛内部的燃烧物，使其充分燃烧。唐宋时期双动活塞式风箱发明出来，到明代以后民间逐渐普及使用风箱灶作为烹饪的固定式灶具。宋代之后灶具开有多个灶门，灶台上的甑被蒸笼取代，釜被铁锅取代。到明清时期，传统灶具已经较为成熟和完善，集烹饪、排烟、储藏等多种功能于一体。

隋代灰陶执炊女俑

元代壁画中的灶

二、源远流长的传统灶文化

民间俗语"上天言好事，下界降吉祥"，说的是灶神，又称灶王爷、灶君、灶君司命等。灶神是民间信仰中掌管各家灶火的神祇，也是传说中玉皇大帝派下来监管人间善恶的使者。灶神崇拜和祭灶习俗构成了丰富多彩的传统灶文化。

1. 灶神崇拜。

中国的灶神崇拜源于对火的崇拜。火在原始人类的生活中起着重要作用，而那时人们对火的了解不多，常因使用不当引发火灾，因而对火充满敬畏，产生了火神崇拜。后来随着人们开始使用火灶，在一个固定的地方烹煮食物，又逐渐形成了灶神信仰。不过，关于灶神是谁，历来众说纷纭，且早期灶神形象有男有女，后来才发展固定为男性形象，并出现了灶神夫妇。

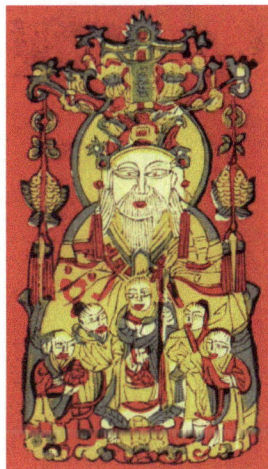

清代桃花坞年画灶神像

根据《礼记·祭法》记载，早在先秦时期，祭灶就被列为一项重要的祭祀活动。《论语》中有"与其媚于奥，宁媚于灶"之句，说明当时人们已很重视对灶神的供奉。汉代以前人们对灶神的崇拜很大程度上属于自然崇拜，祈求其护佑灶火饮食之事。汉代之后，灶神在掌管民间厨火之外，又被赋予了监管人间善恶并向天庭汇报，从而掌握世人寿夭祸福的职能。汉代《淮南万毕术》中有"灶神晦日归天，白人罪"的说法。郑玄注《礼记·祭法》说灶神是"小神居人之间，司察小过，作谴告者尔"。灶神向天庭汇报所在家庭的善行或恶行，而天庭则会将该家庭接下来应得的吉凶祸福交到灶神手中，让其带回人间实施。民间对于灶神的信仰因而更加虔诚，比如讲究对灶王爷恭敬，不得用灶火烧香，不得击灶，不得将刀斧置于灶上，不得在灶前胡言乱语、哭泣抱怨，不得将污脏之物送入灶内燃烧等，祭灶活动也更加普通和隆重。

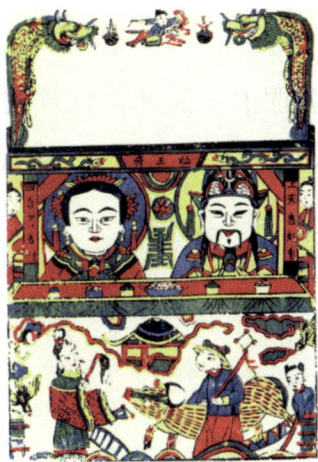

清代武强年画灶神像

2. 祭灶习俗。

古时祭灶有夏祭、晦祭、腊祭三种不同的时间。在古代五行观念中，灶等同于火，火神又为夏之主神，故先秦时期祭灶以夏祭为主，另外在年终腊祭中也会包含祭灶仪式。晦祭即在每月晦日祭灶，与灶神晦日归天上陈人间之事的说法相关联。汉代之后，腊日祭灶渐成风习。大约从宋代开始，民间对灶神

清代杨柳青年画《上天降福　新春大喜》

的祭祀相对集中在腊月二十三或二十四，至今民间仍然保留着此时祭灶的习俗。

由于早期灶神更偏自然神属性，人们的祭灶方式也与其他祭祀活动类似，大抵是以酒肉供奉。后来随着灶神被赋予了上天陈事、下降祸福的职能，民间的祭灶活动更增添了殷勤贿赂的意味。每年祭灶时，人们会摆上丰盛的供品，其中炒米糖、糖元宝、糯米团子之类的甜黏之物是必不可少的，目的是让灶神吃了之后嘴变甜，上天说好话，或者至少嘴被粘住，无法讲出坏话。人们还会在这一天将屋子打扫得干干净净，因为传说屋尘是灶神记录的坏事，将屋尘扫除干净，灶神就无法向天庭汇报。祭祀之时人们会焚香叩首，对着灶神像祷告"上天言好事，下界降吉祥"一类的话，然后将已供奉一年的灶神像揭下来，与纸马一同焚烧，表示送灶神上天。大年初四（或除夕夜），人们又会摆上供品迎接灶神述职归来。迎灶神仪式中，人们会在原来的位置贴上一张新的灶神像，表示迎到了灶神。

今天，很多地区仍然保留着小年夜送灶、新年接灶的习俗。源远流长的传统灶文化中寄寓了人们消灾纳福、安居乐业的美好愿望。

拓展迁移

◎ 说说你所在地区人们使用的传统灶具的形制。

◎ 你知道哪些与灶文化有关的习俗？查阅资料，和同学们交流。

第六章
天文地理视野广

不断向外拓展视野是人类的本能追求，浩瀚苍穹，山川胜迹，无不召唤着人们追问探寻。天文地理的广阔空间里，遍布华夏文明的足迹。

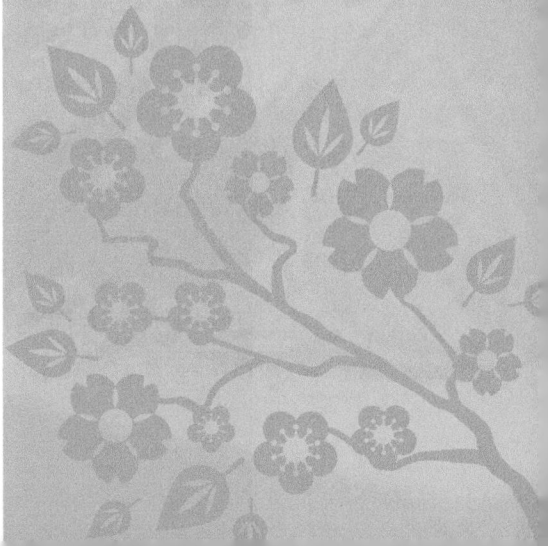

第一节　节气与农事

　　我国古代劳动人民通过对太阳运行规律的长期观察，总结一年中不同时间点的气候特点，以此指导农业生产。根据季节更替和气候变化的规律，人们将一年划分为二十四个节气。二十四节气的由来是怎样的？其命名有怎样的规律和含义？这一传统历法又是如何服务于农事活动的？让我们带着这些问题，一起探究节气与农事。

术语辞典

　　气候：我国古代以五天为一候，三候为一气。一年二十四气、七十二候，各气各候都有其自然特征，合称"气候"。"气候"一词现在更多地指某一地区多年的天气特征。

一、二十四节气的由来与命名

1. 二十四节气的由来。

　　二十四节气是中国古代的一项伟大发明，被联合国教科文组织列入人类非物质文化遗产代表作名录。它是中国古人长期观测天象、气候以指导生活与生产的智慧成果。早在春秋时期，人们就已通过圭表测日影法确定了春分、夏至、秋分和冬至四个节气。战国末期，又观测确立了立春、立夏、立秋、立冬四个节气。至此已有的八个节气将一年分为四大段，有了春、夏、秋、冬四季。其后人们持续不断地观测、总结和推算，改进与完善节气体系。到秦汉时，二十四节气完全确立。西汉太初元年（前104），朝廷颁行《太初历》，首次将二十四节气增入历法。历代均沿袭这种做法，用二十四节气来指导农事。

　　从天文学上看，二十四节气是根据地球在黄道（即地球绕太阳公转的轨道平面与天球相交的大圆）上的位置变化而制定的，每一个节气分别对应地球在黄道上运动所到达的一个位置，相邻两个位置之间相差 15°，这些节气把一年的时间分成了 24 等份。

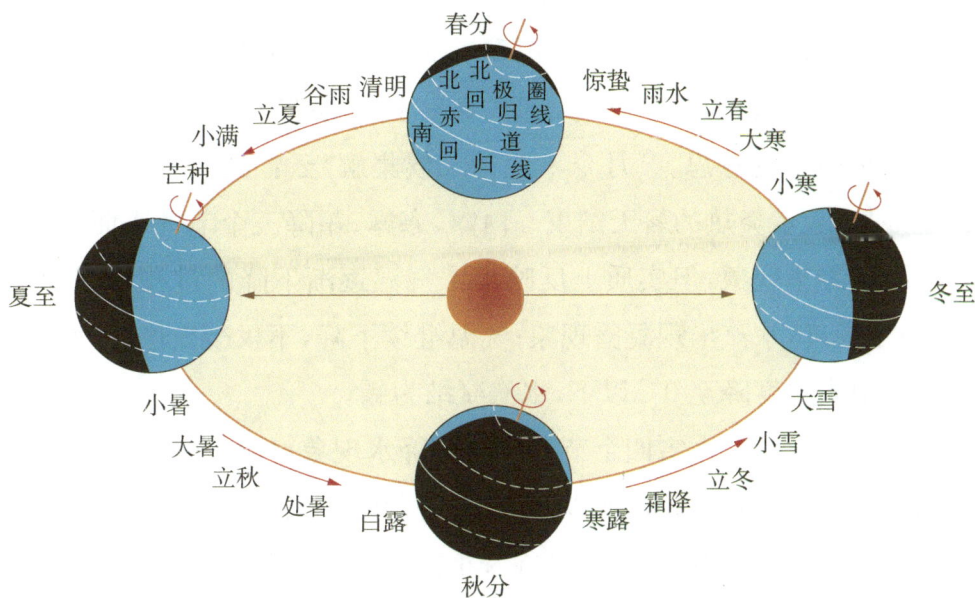

二十四节气地球在黄道上的位置

二十四节气反映了太阳的周年视运动，所以各个节气的日期在现行的公历中基本固定，一般仅相差一天。

值得注意的是，二十四节气确立之时，中国古人的主要政治经济活动多集中在黄河流域，因而二十四节气的划分是以当时黄河流域的自然气候为依据的。

2. 二十四节气的命名。

二十四节气是认知一年中时令、气候、物候等方面变化规律所形成的知识体系，其命名也反映了这些要素。

二十四节气中的"四立""二至""二分"八个节气的命名标志着四季变化。立春、立夏、立秋、立冬合称"四立"。《月令·七十二候集解》云："立，建始也。""立"表示季节的开始。不过这里所说的季节是天文季节，而从气候上来看，一般还处于上一季节的状态，如立春时黄河流域仍处于隆冬。

夏至、冬至合称"二至"，"至"是极、最的意思。古人通过测量日影来确定节令，在北半球，夏至日圭表日影最短，冬至日圭表日影最长，故此得名。春分、秋分合称"二分"，"分"是平分的意思。春分、秋分时，黄道和赤道平面相交，此时黄经分别为0°、180°，太阳几乎直射赤道，昼夜平分，长短相等。

小暑、大暑、处暑、白露、寒露、霜降、小寒、大寒八个节气的命名反映的是温度变化。从小暑、大暑、小寒、大寒的名称我们很容易看出冷热程度。"处暑"的"处"是终止的意思。《月令·七十二候集解》云："处，止也，暑气至此而止矣。""处暑"表示炎热的暑天结束。白露、寒露、霜降三个节气表面上反映的是水汽凝结、凝华现象，但实质上反映出了气温逐渐下降的过程和程度：气温下降到一定程度，水汽出现凝露现象；气温继续下降，不仅凝露增多，而且越来越凉；当近地表温度降至0℃以下，水汽凝结为霜。

雨水、谷雨、小雪、大雪四个节气反映了降水现象。雨水时节春风遍吹，冰雪融化，空气湿润，雨水增多，所以叫雨水；谷雨时节天气渐暖，雨水增多，有利于谷类作物生长，谷雨意即"雨生百谷"；小雪时气温下降，黄河流域开始降雪，但还不到大雪纷飞的时节，所以叫小雪；大雪前后，黄河流域降雪开始增大，次数增多，并有短时地面积雪。

惊蛰、清明、小满、芒种四个节气反映了物候现象或作物生长情况。惊蛰时节，春雷乍动，惊醒了蛰伏在土中的动物；清明时节，气清景明，万物皆显；小满时麦类等夏熟作物籽粒开始饱满，但尚未成熟，故曰"小满"；"芒种"则指麦类等有芒作物籽粒已经黄熟，需抓紧抢收，而晚谷、黍、稷等夏播作物也需及时抢种。

二、二十四节气与农事活动

"掌握季节，不违农时"是农业生产最基本的要求。古代农书《齐民要术》上说："顺天时，量地利，则用力少而成功多，任情返道，劳而无获。"意思是说，按照季节农时去耕作，可以花较少的劳力得到良好收成。如果仅凭主观任意而为，就会劳而无获。从古至今，二十四节气长期作为农事活动的依据，在农业生产中发挥着巨大作用。

二十四节气是根据黄河流域的气候特点划分的，该区域各个节气传统的农事活动概况如下：

节气	黄河流域主要农事活动
立春	气温回升,土壤开始解冻,积极做好春耕准备和越冬作物的田间管理。
雨水	降雨逐渐增多,冬小麦开始返青,抓紧压耙保墒,根据苗情浇好返青水;精选种子,拉土送粪。
惊蛰	土温和气温逐渐升高,土壤已解冻,春耕开始,做好早春植物播种准备工作;冬小麦已普遍返青,及时追肥、浇水。
春分	风多、风大,土壤升温快,雨水少,需做好抗旱工作;针对倒春寒现象,加强作物的冻害防御。
清明	气候温暖,适时播种棉花、春玉米、高粱等作物;小麦已拔节,需及时灌水。
谷雨	降水明显增加,一般春播植物都在此时完成播种。
立夏	作物生长渐旺,做好田间精管,对春播植物中耕除草、治虫,对麦类作物加强水肥管理。
小满	春播结束,夏收即将开始,做好田间管理。
芒种	小麦等有芒作物已经成熟,需抓紧收获;夏播植物及时播种;对春播植物进行治蚜、灌水、追肥等管理活动。
夏至	选苗定苗;作物生长旺盛,杂草、病虫迅速生长、繁衍,需加强中耕除草、治虫等。
小暑	抓紧进行田间管理,消灭杂草,防治病虫害。
大暑	水热同期,作物生长迅速,加强田间管理。
立秋	气温仍然较高,农作物生长旺盛,对水分要求迫切,做好追肥和灌溉工作。
处暑	谷子、春玉米、高粱等先后成熟收割,棉花开始采收。
白露	各种大秋植物成熟收获,秋收工作展开;同时需及早做好种麦准备。
秋分	秋收、秋耕、秋种大忙时节;加强秋熟作物管理。
寒露	及时播种完小麦。
霜降	抓紧刨收花生、红薯、山药等。

续　表

节气	黄河流域主要农事活动
立冬	土壤尚未封冻，抓紧秋耕，根据土壤墒情，浇好盘根水。
小雪	及时收获白菜等；对越冬植物浇好灌冬水。
大雪	薯窖、菜窖防冻害，牲畜防寒、保温。
冬至	兴修水利，进行农田建设，积肥造肥，做好防冻工作。
小寒	田间冰冻，歇冬。
大寒	

中国地域辽阔，气候类型多样，不同地区的四季变化有很大差异。自古以来各地农民都能根据自己所处区域的气候特点，灵活运用二十四节气来指导生产。这一点我们可以从各地流传的农谚中看出。

例如，关于早稻播种，浙江有"清明下秧，不用问爹娘"的说法；上海的说法是"清明到，把稻泡"；福建的农谚则说"惊蛰有雨早下秧，惊蛰无雨不用忙"。关于冬小麦播种，北京有"白露早，寒露迟，秋分种麦正当时"之说；华北南部则说"秋分早，霜降迟，只有寒露种麦正当时"；浙江则讲究"立冬种麦正当时"。

又如棉花播种，华北有"清明早，小满迟，谷雨种棉正当时"的说法；华中农谚说"清明前，好种棉"；苏、浙、皖一带则是"要穿棉，棉花种在立夏前"。根据科学研究结果，棉花播种需要日平均温度在12℃以上，各地区农谚所说的种棉时间和这些地区温度达到12℃的时间基本上是一致的。

至于麦类作物收获期，华北一带是"麦到芒种谷（黍）到秋，寒露才把豆子收"；华中是"麦到立夏收，谷到处暑黄"；苏、浙一带是"麦到小满日夜黄"，"大麦不过小满，小麦不过芒种"；陕西关中地区则说"芒种不收草里眠"。

［清］沈庆兰《农耕图》（局部）

各地农民在灵活运用二十四节气推算作物发育和指导田间管理方面也有丰富的经验。江浙一带有农谚说"白露白迷迷，秋分稻秀齐"，意思是说，白露前后若有露水，则晚稻将有好收成。湖北有"寒露不低头，割回喂老牛"的谚语，意思是说，晚稻如果播晚了，到寒露还未抽穗，就不会有什么收成，还不如割去喂牛。根据研究，江汉平原地区寒露时节日平均温度降到20℃以下，水稻空秕粒率上升，农谚的说法是完全符合科学道理的。

拓展迁移

◎ 查阅资料，搜集你所在地区与二十四节气相关的农谚，并探究其中蕴含的科学道理。

第二节　世界遗产览胜

　　世界遗产是指被联合国教科文组织和世界遗产委员会确认的人类罕见的、无法替代的财富，是全人类公认的具有突出意义和普遍价值的文物古迹及自然景观。世界遗产包括世界文化遗产、世界自然遗产、世界文化与自然双重遗产三类。其中世界文化遗产是指从历史、艺术或科学角度看，在世界范围内公认的，具有突出的普遍价值的建筑群、人类工程和考古遗址等，包括文化景观。中华文明源远流长，留下了丰富的文化宝藏。截至 2022 年底，中国拥有世界文化遗产 38 项，另外还有世界文化与自然双重遗产 4 项。让我们一起领略华夏大地上的世界文化遗产的独特魅力吧！

一、东方巨龙——长城

1. 遗产名片。

中文名称：长城

英文名称：The Great Wall

列入时间：1987 年 12 月

遗产种类：文化遗产

世界遗产委员会评价：

　　约公元前 220 年，一统天下的秦始皇，将修建于早些时候的一些断续的防御工事连接成一个完整的防御系统，用以抵抗来自北方的侵略。在明代（1368—1644），又继续加以修筑，使长城成为世界上最长的军事设施。它在文化艺术上的价值，足以与其在历史和战略上的重要性相媲美。

2. 遗产概况。

　　长城的修筑始于春秋战国时期，当时各国为了互相防御，各在形势险要的地方修筑长城。秦始皇统一中国后，为防御匈奴南侵，将原秦、赵、燕三国的北边长城修缮连接起来,故址西起临洮,北傍阴山,东至辽东,俗称"万里长城"。此后多个朝代都曾继续修筑长城。现在我们所见到的长城多为明代修建,明长城东起辽宁虎山,西至甘肃嘉峪关,总长度为 8 851.8 千米。现在各类长城资源遗存总数 43 721 处,墙壕遗存总长度为 21 196.18 千米。

长城宛如一条矫健的巨龙,越群山,经绝壁,穿草原,跨沙漠,起伏在崇山峻岭之巅。它的一砖一石、一关一城都是中国古代工程技术和建筑艺术的成果,是古代人民汗水和智慧的结晶。它象征着中华民族坚不可摧、永存于世的意志和力量,闪耀着伟大的民族精神。

3. 遗产价值。

长城的修筑是出于军事防御的目的,2 000 多年过去了,其最初的功用已经不复存在,而留存下来永不磨灭的是它所呈现的建筑艺术,围绕它产生的文学艺术,以及它所具有的象征意义。

（1）建筑艺术。

长城的主体工程是城墙,大多建在山岭最高处,沿着山脊绵延盘亘,奔腾飞跃,气势磅礴;城墙上分布着形制多样、造型奇特的关隘和烽火台等设施,打破了城墙的单调感,更增雄奇之势。整个长城建筑体系极富阳刚之美。在布局上,长城的建筑遵循"因地形,用险制塞"的原则,城墙的修建充分利用地

金山岭长城上的麒麟影壁

形,关城、隘口、烽燧等皆分布于地势险要之处,既能节约建造成本,又能起到较好的防御效果。在建筑材料和建筑结构上,长城建造者就地取材、因材施用,创造了许多结构方法,有夯土、块石片石、砖石混合等,在沙漠中还利用了红柳枝条、芦苇与砂粒层层铺筑的结构。

在高超的建造水平之外,长城的建筑还体现出精湛的装饰艺术。在墙顶与垛口的交接处、射孔、擂石口、敌楼券门等处,多有精美的砖雕,为长城增添了传统艺术之韵味。

（2）文学艺术。

作为中国古代最重要、最大型的军事防御设施，长城盘亘在广袤的北方大地上，在漫长的历史中见证着金戈铁马、逐鹿疆场、改朝换代、民族纷争。围绕长城，产生了诗词歌赋、民间故事、戏曲说唱等众多文学艺术作品。这些作品有的反映修筑长城的徭役之苦，揭露封建统治者对百姓的残酷压迫和剥削，歌颂劳动人民的真挚情感，如代代相传的孟姜女哭倒长城的民间故事；更多的作品则是基于长城的军事属性而产生，以战争为题材，或抒发开疆拓土、保家卫国的豪情壮志，或反映军士戍边征战之苦，或控诉统治者的穷兵黩武，或表达对百姓饱受战乱之苦的同情……边塞诗词中很大一部分作品即属此类。这些与长城相关的文学艺术作品散发着中国传统文学艺术的独特魅力，给人以丰富而深刻的审美体验；同时，其中保存着中国古代政治、军事、文化等多方面的资料，具有很高的研究价值。

（3）象征意义。

长城是历代中国人民智慧和辛劳的结晶，无数修筑者克服千难万险，齐心协力，持之以恒，垒砌起长城不可胜数的砖石，形成保家卫国的坚固屏障。在各个时代的战火硝烟中，人们在长城边进行了无数顽强不屈的抗争。长城已经成为中华民族精神的象征，向世界展示着自强不息、坚韧不屈的中国力量。

知识延伸

"定城砖"的传说

"定城砖"

相传明正德年间，朝廷修建嘉峪关城楼，有一位名叫易开占的修关工匠，精于计算，所有建筑工程只要经他计算，用工用料便十分准确和节省。监督修关的监事官不信，要他计算此次工程用砖数量。易开占经过详细计算后说："需要九十九万九千九百九十九块砖。"监事官依言发砖，并说："如果多出一块或少一块，都要砍掉你的头，且罚众工匠劳役三年。"竣工后，只剩下一块砖，放置在西瓮城门楼后檐台上。监事官发觉后大喜，正想借此发难，克扣众工匠的工钱。易开占不慌不忙地说："那块砖是神仙所放，是'定城砖'，如果搬动，城楼便会塌掉。"监事官遂不敢妄动。从此，这块砖就一直放在原地，谁也不敢搬动。现在，此砖仍保留在嘉峪关城楼之上。

4. 相关文学作品欣赏。

出　　塞

［唐］王昌龄

秦时明月汉时关，万里长征人未还。

但使龙城飞将在，不教胡马度阴山。

长　　城

［唐］汪　遵

秦筑长城比铁牢，蕃戎不敢过临洮。

虽然万里连云际，争及尧阶三尺高。

二、佛教艺术宝库——莫高窟

1. 遗产名片。

中文名称：莫高窟

英文名称：Mogao Caves

列入时间：1987 年 12 月

遗产种类：文化遗产

世界遗产委员会评价：

莫高窟地处丝绸之路的一个战略要点。它不仅是东西方贸易

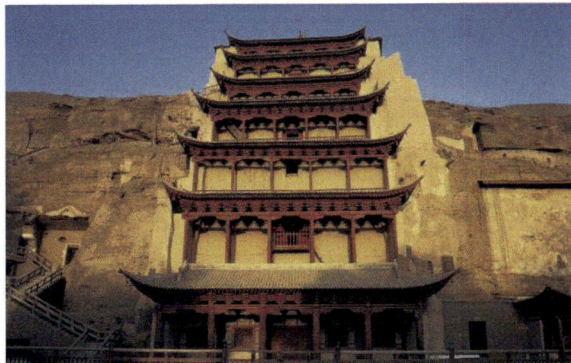

的中转站，同时也是宗教、文化和知识的交汇处。莫高窟的 492 个小石窟和洞穴庙宇，以其雕像和壁画闻名于世，展示了延续千年的佛教艺术。

2. 遗产概况。

莫高窟又名千佛洞，是中国著名的佛教石窟，坐落于甘肃省敦煌市东南的鸣沙山东麓崖壁上，坐西朝东，面向三危山，洞窟密布于崖面上。

莫高窟始建于前秦建元二年（366）。传说当时一位名叫乐僔的僧人路过此地，忽然见到金光闪耀，似有千佛显现，他认为此处是佛家圣地，遂开始凿窟造像。其后历代对莫高窟继续营造修建，到元代基本成型。明嘉靖年间，莫高窟成为明朝域外之地，遂鲜为人知。清代，莫高窟再次受到有识之士重视。清光绪二十六年（1900）（一说二十五年），莫高窟发现藏经洞，洞内出土了珍贵的书画文献。此后窟内大批敦煌遗书和文物先后被外国"探险队"劫夺，壁画和塑像也遭到劫掠和破坏。20 世纪 30 年代，"敦煌学"兴起，莫高窟因而闻名于世。

莫高窟窟群全长 1 600 余米，分南北两区。现存有壁画、塑像者共 492 窟，绝大多数分布在南区。北区除少数洞窟存有壁画，其余为 250 多个空窟。现编号的 492 个洞窟共有壁画 45 000 多平方米，彩塑 3 000 余身。莫高窟的石窟建筑、彩塑、壁画文物遗存反映了中国古代佛教文化和艺术的成就，并呈现了中国，尤其是河西及敦煌地区特定历史时期宗教信仰、思想观念、民族关系、社会生活等多方面的形象资料，具有珍贵的艺术和历史、考古价值。

3. 遗产价值。

莫高窟是集建筑、雕塑、绘画于一体的艺术宝库，历代营造者们在继承中原汉民族和西域兄弟民族艺术优良传统的基础上，吸收、融化外来的表现手法，创造出具有敦煌地方特色的佛教艺术品，这些艺术品为研究中国古代政治、经济、文化、宗教、民族关系、对外交往等提供了珍贵资料，是人类珍贵的文化宝藏。

（1）建筑艺术。

莫高窟的石窟有禅窟、殿堂窟、中心柱窟、大像窟、涅槃窟、僧房窟等形制。窟型最大者高 40 余米、宽 30 米见方，最小者高不盈尺。这些石窟形制反映了中国传统建筑与外来建筑风格的交融,比如禅窟源于印度的毗诃罗窟;中心柱窟源于印度的支提窟而稍有不同,塔柱为仿佛塔的形式建造,窟顶前半部分的人字披顶则来源于中国传统建筑中的人字形屋顶;殿堂窟的窟顶为覆斗形,显然是受到中国古代的斗帐造型的影响。

（2）彩塑艺术。

莫高窟彩塑的内容主要有佛、菩萨、弟子、天王、力士等,其形式丰富多彩,有三百六十度表现人物的圆塑,有只做出人物三分之二左右的浮塑,有用模具制作的影塑,等等。这些塑像的制作方法大致分为两种,中小型人物塑像普遍使用木骨泥塑,大佛像则为石胎泥塑。工匠们运用各种技法,做到了绘塑结合,表现人物的生命力,塑造出众多栩栩如生的形象。因其彩塑题材之丰富和艺术水平之高超,莫高窟被称为"佛教彩塑博物馆"。

莫高窟 96 号窟"北大像"

（3）壁画艺术。

莫高窟壁画的题材内容十分丰富,尊像画、佛传故事画、佛教史迹画等宗教题材的作品构成其主要部分,此外还有中国传统神话题材画、供养人画像、装饰图案画等。这些壁画不仅展现了佛教文化和艺术,也反映了大量的现实社会生活,包括古代不同民族、不同阶级的生产劳动场面和社会生活场景,以及建筑、音乐、舞蹈等方面的发展演变等,是 4 至 14 世纪中国古代社会文化民俗和历史变迁的艺术再现。

莫高窟壁画创作的时间跨度较大,不同时代的作品呈现出不同的风格。历代绘制者在中国传统绘画艺术的基础上,充分吸取域外艺术之长,丰富了创作风格和技法,比如创造性地运用天竺凹凸法以增强人物面部立体感等。不同

莫高窟 112 号窟壁画

时期、不同地域的绘画艺术汇聚于莫高窟，谱写出中国古代美术史的光辉篇章。

4. 相关文学作品欣赏。

敦煌廿咏·莫高窟咏

［唐］无名氏

雪岭干青汉，云楼架碧空。

重开千佛刹，旁出四天宫。

瑞鸟含珠影，灵花吐蕙丛。

洗心游胜境，从此去尘蒙。

三、文化名山——庐山国家公园

1. 遗产名片。

中文名称：庐山国家公园

英文名称：Lushan National Park

列入时间：1996 年 12 月

遗产种类：文化遗产

世界遗产委员会评价：

江西庐山是中华文明的发祥地之一。这里的佛教和道教庙观，代表理学观念的白鹿洞书院，以其独特的方式融汇在具有突出价值的自然美之中，形成了具有极高美学价值的，与中华民族精神和文化生活紧密联系的文化景观。

2. 遗产概况。

庐山，又名匡山、匡庐，地处江西省九江市庐山市境内，耸立鄱阳湖、长江之滨。相传商、周间有匡姓兄弟结庐隐居于此，因而得名。庐山山体呈椭圆形，为典型的地垒式断块山。全山共 90 余座山峰，主峰汉阳峰海拔 1 473.4

米。群峰之中散布着飞瀑、岩洞、湖潭、林木等多种景观，风光雄奇秀丽，自古有"匡庐奇秀甲天下"的美誉。

在自然风光之外，庐山还富有独特的人文之美。庐山与中国古代的文化生活密切相关，文人墨客登临游览，留下无数诗文画作；教育家在此讲学，传道授业，传播思想；宗教人士在此筑观布道，积淀了深厚的宗教文化。这些文化活动在庐山留下了众多历史遗迹。

庐山的自然美景与人文内涵完美结合，形成了独特的文化景观，集中体现和展示了中华民族的精神和文化生活。

3. 遗产价值。

（1）山水文化。

庐山风光秀丽，自古以来吸引了无数文人墨客登临游览，并留下诗文丹青。西汉史学家司马迁南登庐山，并将庐山载入《史记》；东晋陶渊明隐居庐山，以此地山水田园为背景，写就恬静淡泊的诗篇；中国山水诗的开创者、南朝诗人谢灵运多次涉迹庐山，其诗对庐山的山水名胜多有描绘；东晋顾恺之创作了真正意义上的中国第一幅山水画——《庐山图》，深刻影响了后世山水画的发展……据不完全统计，历史上留下的与庐山相关的诗词歌赋超过4 000首，悬崖和石碑铭文有900多处。这些山水文学和绘画作品构成了庐山深厚的山水文化，而山水文化又是中国传统文化的重要组成部分，折射出中国传统的思想观念、文学艺术和审美意识。

（2）教育文化。

庐山是中国古代重要的教育基地，位于庐山五老峰南麓的白鹿洞书院，居中国古代四大书院之首，被誉为"海内第一书院"。白鹿洞书院始建于南唐，称"庐山国学"，是中国历史上唯一由中央政府于京城之外设立的国学；宋初改名白鹿洞书院；南宋理学家朱熹出

白鹿洞书院

任南康知军时,对其进行修复扩建,并延师收徒,制订教规,登堂讲学,白鹿洞书院由此名声大振。由于理学的深远影响,作为理学观念代表的白鹿洞书院受到其后历代统治者和士人的推崇,成为宋代至清初一个重要的文化摇篮。

（3）宗教文化。

庐山历史上有寺庙 360 多座,道观 200 余处,是中国古代南方宗教中心。公元 4 世纪,高僧慧远在庐山建东林寺,该寺为佛教净土宗的发源地,是历代文人慕名寻访的胜迹,也使得庐山成为古代的佛教名山。南朝道士陆修静曾居庐山数年,精研修道。在其影响下,庐山上道观纷纷建立,道教文化一度十分兴盛。现在庐山留存的佛寺和道观,成为其文化景观的重要组成部分。

4. 相关文学作品欣赏。

登庐山绝顶望诸峤

[南北朝]谢灵运

山行非前期,弥远不能辍。

但欲淹昏旦,遂复经盈缺。

扪壁窥龙池,攀枝瞰乳穴。

积峡忽复启,平途俄已闭。

峦垄有合沓,往来无踪辙。

昼夜蔽日月,冬夏共霜雪。

晚泊浔阳望香炉峰

[唐]孟浩然

挂席几千里,名山都未逢。

泊舟浔阳郭,始见香炉峰。

尝读远公传,永怀尘外踪。

东林精舍近,日暮空闻钟。

望庐山瀑布

[唐]李　白

日照香炉生紫烟,遥看瀑布挂前川。

飞流直下三千尺,疑是银河落九天。

大林寺桃花

〔唐〕白居易

人间四月芳菲尽，山寺桃花始盛开。

长恨春归无觅处，不知转入此中来。

题 西 林 壁

〔宋〕苏　轼

横看成岭侧成峰，远近高低各不同。

不识庐山真面目，只缘身在此山中。

拓展迁移

◎ 查阅资料，了解我国还有哪些世界文化遗产，选择其中你感兴趣的几处，仿照本节的示例，制作相应的世界文化遗产名片。

◎ 选择你感兴趣的一处世界文化遗产，尝试写一段导游词。

第七章
科学技艺显匠心

科学技术和工程技艺对人类社会进步起着巨大作用，也是衡量一个文明发达程度的重要指标。一起来探究中华文明的科学技艺成就，传承前人的求索、创造和匠心精神。

第一节　中国古代水利工程

中华民族是人类历史上最早开创农业文明的民族之一。水利是农业的命脉,我国自古以来就很重视水利问题,历朝历代的统治者都把水利作为一件关乎国计民生的大事来抓。在漫长的历史发展过程中,中国古代水利事业取得了伟大的成就,创造出许多利在千秋的水利工程。

一、中国古代水利事业概况

中国古代水利事业起源很早,夏朝时,人们就已掌握了原始的水利灌溉技术。西周时期已形成了蓄、引、灌、排的初级农田水利体系。春秋战国时期,都江堰、郑国渠等一批大型水利工程的完成,促进了中原、川西农业的发展。其后,农田水利事业由中原逐渐向全国发展。秦朝时修建灵渠,使得长江水系和珠江水系可以直接通航;黄河大堤在秦朝也第一次得到了统一治理。两汉时期北方水利有很大发展,同时大的灌溉工程已跨过长江。魏晋南北朝时,由于北方战乱,南方相对安定,人口大量南迁,水利建设的重点也随之南移,长江下游及太湖流域的农田水利发展较快。魏晋南北朝之后水利事业继续向江南推进,到唐代基本上遍及全国。宋代全国范围内掀起大办水利的热潮。元、明、清时期,大型水利工程继续兴建的同时,地方小型农田水利工程得到较快发展,数量越来越多。至清代,各种形式的水利工程在全国几乎到处可见,发挥着显著的效益。

总的来说,中国古代水利事业呈现出几个特点:水利门类齐全,水资源利用广泛;水利工程多,规模大;注重科学技术运用,发明创造丰富;尊重自然规律,因地制宜进行水利建设;重视水利管理,制度完备。

数千年来,中国各族人民为抵御旱涝灾害,促进农业发展,因地制宜地发明了众多的水利工程技术。这是中华文明的重要组成部分,也为人类文明进步作出了重要贡献。

二、中国古代著名水利工程

我国古代有不少闻名世界的水利工程，这些工程规模大，设计水平高，有些至今仍发挥着重要作用，大运河、都江堰、灵渠和坎儿井就是其中的典型代表。

1. 大运河。

（1）概况。

大运河始凿于春秋末期，后经隋朝和元朝两次大规模扩展，利用天然河道加以疏浚修凿连接而成。大运河全长 1747 千米，北起北京，南至杭州，途经北京、天津、河北、山东、江苏及浙江四省二市，从北至南贯通海河、黄河、淮河、长江、钱塘江五大水系。

大运河是世界上里程最长、工程最大、最古老的运河，与长城、坎儿井并称中国古代的三项伟大工程。2014 年，大运河被联合国教科文组织列入世界文化遗产名录。

（2）修建历史。

大运河历史悠久，各种兴建、扩建和改建工程断断续续横跨约 1800 年时间，其间主要经历了春秋末期、隋朝及元朝的三次较大的兴修工程。

第一次是在春秋末期。位于太湖流域的吴国为了与中原诸侯国争霸，向北方扩展势力范围。吴夫差十年（前 486），吴国在准备攻打齐国时，调集民夫在今扬州附近修筑邗城作为据点，并在城下开凿运河以运输军队辎重。此运河自邗城引长江水北上，直达淮河，沟通了江、淮，后世称为"邗沟"（即今"里运河"），它是大运河中最早修建的一段河道。

第二次是在隋朝。隋文帝统一北方之后，为了南下灭陈，对古邗沟进行了疏浚和调整，改名"山阳渎"。隋炀帝迁都洛阳后，为了控制江南广大地区，使长江三角洲地区的丰富物资运往洛阳，于大业元年（605）下令开凿洛阳至淮河、连接山阳渎的"通济渠"，沟通黄、淮两大河流；同时对山阳渎进行了彻底治理，使之融入大运河系统。大业四年（608），开凿洛阳至涿郡（今北京东南）的"永济渠"。大业六年（610），重新疏凿和拓宽长江以南运河古道，形成京口（今江苏镇江）至余杭（今浙江杭州）的"江南河"。至此，隋朝建成以洛阳为中心，由永济渠、通济渠、山阳渎和江南河连接而成，南至余杭，北至涿郡，全长约2700千米的大运河。

第三次是在元朝。元朝定都大都（今北京）后，为加强对江南的控制，并方便从江浙一带运送粮食等物资到大都，对大运河进行了改造。为了避免绕道洛阳，缩短航程，此次改造将运河裁弯取直，并修凿济州河、会通河、通惠河，使运河航道延伸直达大都。这样，大运河南北贯通，由前代的多支分布变为直线形，由唐宋以来的以洛阳为中心改为由杭州直抵北京，也就形成了我们现在所见到的京杭大运河。

（3）修建意义。

我国天然形成的大江大河绝大多数是自西向东横向流动的，缺少南北纵贯的水路。然而，古代中国长期呈现出政治军事重心在北方、经济重心在南方的局面，因此，中央政府自北向南的控制以及南北的交通运输极为重要。古代陆上运输只能依靠人力和畜力，速度慢，运量小，成本高，对于大宗货物的运输以及军事物资的补给，水路运输都是更为理想的选择。大运河修建后，成为南北水路运输的大动脉，弥补了中国东部南北航运的缺陷。

政治上，大运河作为古代漕运要道，提高了南北之间钱粮运输和分配效率，军事物资的调配和军事行动的实施也更加迅捷，从而加强了中央政府对地方的统治，巩固了国家统一。经济上，南北水上通道的便利，使商品的流通更加频繁，促进了商业

［清］王素《运河揽胜图》

的发展和兴盛；其次，漕运的发达，使沿河城市成为商品的集散地，不仅带来了商机，而且也繁荣了城市；在农业经济方面，运河水渠众多，水源丰富，利于农田灌溉，对运河的治理也有助于整治旱涝灾害，促进了农业生产发展。文化上，大运河加强了南北文化交流，促进了各方文化融合和发展，增强了中华文化的活力和凝聚力。

2. 都江堰。

（1）概况。

都江堰位于四川都江堰市西北岷江中游，始建于战国时期。发源于岷山之南羊膊岭的岷江，水源旺盛，由山地转入成都平原后，流速陡降，大量泥沙沉积下来，河床淤塞，极易引发灾害。岷江水患严重影响了成都平原的农业生产，古代蜀地的人们世世代代与之作斗争。秦惠文王时，秦灭蜀，以其地设置蜀郡。秦昭王时，蜀郡守李冰率众历时 14 年修建都江堰。其后历朝历代继续对都江堰进行完善。到了唐宋时期，都江堰主体的渠首工程稳定下来。

都江堰是当今世界上唯一留存的以无坝引水为特征的古老的水利工程，2 000 多年来一直发挥着巨大作用。2000 年，都江堰被联合国教科文组织列入世界文化遗产名录。

（2）水利构造。

都江堰的主体工程包括鱼嘴、宝瓶口、飞沙堰三个主要组成部分。

鱼嘴是前端采用竹笼装卵石的方法在岷江江心修筑的分水堤坝，因为前端形似鱼头，故名"鱼嘴"。它把岷江水流一分为二，东边为内江，西边为外江。内江流入宝瓶口，穿入成都平原，成为灌溉兼通航运的渠道；外江原系岷江正流，在下游辟有许多灌溉渠道，兼具排洪作用。鱼嘴在江中的位置很巧妙，保证了在涨水季节使六成江水进入外江，在枯水季节使六成江水进入内江，这样既能防洪，又能保证灌溉、航运用水。

宝瓶口是内江的进水口，地形似瓶颈，故名。岷江水由内江，通过宝瓶口，进入成都平原。宝瓶口不仅是引水口，还具有节制水流的功用。当进入内江的水量过大，由于宝瓶口的约束作用，大量洪水会从旁边的飞沙堰泄入外江；而在枯水季节，也能保证进入成都平原的水量足够维持灌溉和航运。

飞沙堰是在分水堤坝中段修建的泄洪道。洪水期间，内江水量超过所需，大量水流可以通过飞沙堰

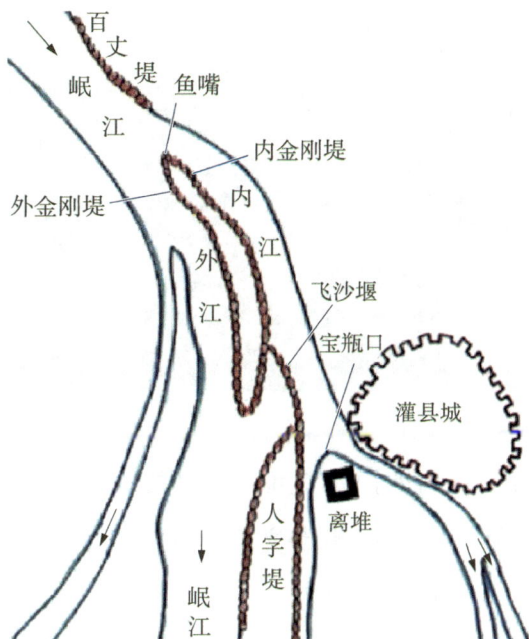

都江堰工程示意图

泄入外江，做到二次分洪。由于飞沙堰选设在内江弯道的凸岸一侧，因此除了可以泄洪，还兼具排沙功能。在弯道处，江水会形成横向环流运动，连同沉溺在下层的泥沙被翻送到凸岸一侧的上层，随洪水一起从内江越过飞沙堰排入外江，从而使得宝瓶口引水通道畅通。

（3）修建意义。

都江堰科学地解决了江水自动分流、自动排沙、控制进水流量等问题，成功地驯服了岷江，消除了水患，结束了川西平原洪涝与干旱交替的历史，使这里成为"水旱从人、不知饥馑"的"天府之国"，为秦始皇统一中国打下了经济基础，并且至今一直发挥着防洪灌溉作用。

都江堰的修建充分利用自然资源，因地制宜，以最少的工程设施实现引水、排洪、排沙等多方面的效益，是一项伟大的"古代生态工程"，其设计理念、施工方法、岁修原则等都为后世水利事业提供了宝贵的经验。

3. 灵渠。

（1）概况。

灵渠，又名湘桂运河、兴安运河，位于广西桂林市兴安县境内，长约 37 千

米，是世界上最古老的运河之一。公元前218年，为运送征服岭南所需的军队和物资，秦始皇命令史禄凿渠以通水路。史禄率众在兴安开凿灵渠，历时4年凿成通航。

灵渠沟通了长江水系的湘江和珠江水系的漓江，自古以来就是岭南与中原地区之间的水路交通要道。它与四川都江堰、陕西郑国渠齐名，并称先秦三大水利工程。1988年，灵渠被设为全国重点文物保护单位。

（2）水利构造。

灵渠由铧嘴、大天平、小天平、北渠、南渠、泄水天平和陡门等子工程组成，设计科学，建造精巧。

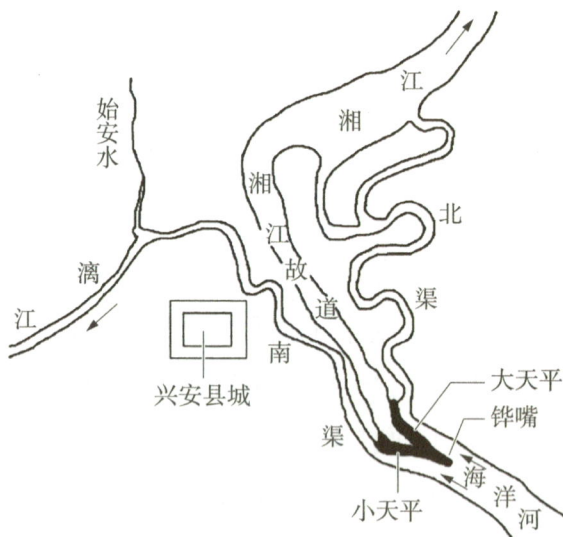

灵渠工程示意图

铧嘴是灵渠最主要的分水设施，四周用条石叠砌，中间用砂卵石回填，前锐后钝，状似犁铧。铧嘴在湘江支流海洋河中，将海洋河水一分为二，一流入南渠，一流入北渠。铧嘴末端紧接着大、小天平，天平为条石砌成的拦河坝，作用是自动调节水量。与河水东岸相近的一段称大天平，同北渠渠口相衔；与河水西岸相近的一段称小天平,同南渠渠口相衔。两天平与铧嘴合呈"人"字形,高度略低于河水堤岸。枯水季节,大、小天平拦截全部河水入渠,以便水运;大水季节,洪峰漫过天平坝顶,流入海洋河湘江故道,减小水势。

灵渠北渠长约 4 千米,通入湘江。南渠全长 33.15 千米,为湘江入漓的主航道。北渠、南渠流量比为七比三,故有"湘七漓三"之说。北渠内有一处泄水天平,南渠内有三处,为专门的溢洪控制设施。

灵渠河道较狭窄且多弯曲,还有部分河段水位较浅,因此人们在水浅流急处,砌筑陡门以抬高水位,便于船只通行。陡门是船闸的前身,也是世界上最早的通航设施。

（3）修建意义。

灵渠的开凿,打通了湘江和漓江,使得秦军粮草运输顺畅,推进了秦王朝对岭南的统一。同时,灵渠建成后,岭南与中原交往更为便利,促进了经济发展和文化交流。经过历代的维护和修缮,灵渠一直发挥着重要的军事和经济功能。20 世纪,随着相关公路和铁路的开通,灵渠的航运作用降低,直至停航,但至今仍发挥着灌溉农田、排泄洪水的功能。

4. 坎儿井。

（1）概况。

坎儿井是干旱、半干旱地区开发利用浅层地下水进行自流灌溉的一种地下水利工程,主要分布在中国新疆的哈密、吐鲁番等地;中亚、中东、北非一带也有此井。据史料记载,我国的坎儿井已有 2000 多年的历史。一直以来,坎儿井都是当地农业灌溉的重要水源,对发展农业生产和满足居民生活需要等起到了重要作用。

2006 年,"坎儿井地下水利工程"被国务院公布为全国重点文物保护单位,国家文物局也将其列入申报世界文化遗产预备名单。

（2）水利构造。

坎儿井的构造具有地域差异,一般而言,一个完整的坎儿井系统是由竖井、暗渠（地下渠道）、明渠（地面渠道）和涝坝（小型蓄水池）四个部分组成。竖井亦称"工作井",在开挖暗渠时用以定位、进人、出土、通风,平时供检查维修

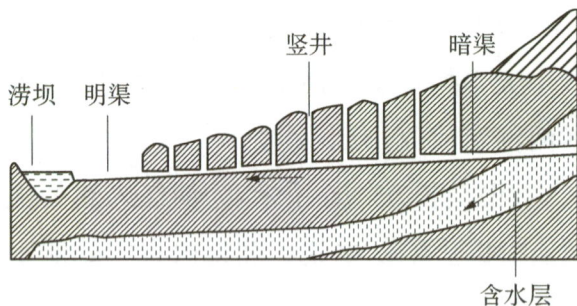

坎儿井工程示意图

用。暗渠分集水、输水两部分，前者深入含水层，收集地下水后通过输水部分引出地面与明渠相连接。明渠是地面渠道，上接暗渠，将水引入农田进行灌溉。涝坝用以调节灌溉水量，缩短灌溉时间，减少输水损失。

坎儿井的修建需要一定条件，一是要有丰富的地下水源，二是要有一定的坡度，三是要有防渗透、防坍塌的土质，因此多适用于地下水埋藏较浅、含水层较薄或透水性较弱的山丘区或山前洪积扇前缘。坎儿井的布置，一般是大致顺地面坡降，亦即顺地下潜流的流向，在地面每隔一定间距由高至低打下深浅不等的竖井，然后在井底修通暗渠，沟通各井。由于重力的作用，水在暗渠内由高地势流向低地势。暗渠的出水口与地面渠道相连接，把地下水引至地面以供使用。

（3）修建意义。

坎儿井为自流灌溉设施，不需动力，节约能源；暗渠避免阳光照射，水的蒸发量小，同时因土质渗透性弱，水量损失小；水源来自地下水，水量稳定，水质好；暗渠设于地下，不易受到风沙危害；施工工具简单，管理成本低。这些都是在干旱地区其他水源无法替代的优点。同时，坎儿井水流经之处，绿化面积增大，区域小气候得到改善，对绿洲生态具有积极意义。

拓展迁移

◎ 进一步了解大运河、都江堰、灵渠和坎儿井的建设原理及主要特点，体会设计建造者的超凡智慧。

◎ 通过网络或者图书馆，查找与我国都江堰、灵渠同一历史时期，世界上其他国家有哪些著名的水利工程，详细了解其工程特点和作用。

◎ 以小组为单位，开展关于中国古代水利工程的研究性学习，重点探讨为什么其中许多工程千百年来能一直发挥重要作用。

第二节　中国古代钢铁冶炼技术

钢铁是铁和碳的合金体系的总称,按照含碳量的不同,可分为生铁(亦称"铸铁",含碳 2.11% 以上)、工业纯铁(含碳 0.025% 以下)和钢(含碳 0.025%—2.11%)。钢铁用途广泛,是世界上产量最大的金属材料,被誉为"工业的骨骼",对人类文明发展具有重大意义。

铁在自然界中多以化合物的形式存在,需要经过冶炼才能进行利用。用还原剂将铁从铁矿石中还原出来称为炼铁;控制生铁的碳含量,并调节各元素之间的比例,从而获得所需的钢的性能的过程称为炼钢。中国古代钢铁冶炼技术长期处于世界领先地位,是中华传统科技文化的重要组成部分,为华夏文明的繁荣作出了重要贡献。

一、钢铁冶炼技术的发展

根据考古发现,中国在商代时已经有了铁器。河北藁城台西商代遗址出土的铁刃铜钺,是目前已知中国最早的铁制品,其铁刃由天然陨铁制成。这表明当时人们已经对铁的性质有了认识,掌握了一定水平的锻造技术。其后,随着青铜冶炼技术的进步,经过漫长的摸索和发现过程,产生了人工冶铁技术。

河北藁城台西商代遗址出土的铁刃铜钺

1. 块炼铁技术。

目前所知的世界各文明最早出现的人工冶铁法都是块炼铁技术。块炼铁是由铁矿石在较低温度(1000℃左右)的固体状态下用木炭直接还原得到。这种铁为海绵状固体块,含碳量低,质软,杂质较多,需锻造成型方可使用,不能铸造。根据考古发现推测,中国古人可能在西周晚期就已掌握了块炼铁技术。

2. 块炼渗碳钢技术。

几乎在炼铁技术出现的同时，我国最早的炼钢技术也产生了。早期的钢是以块炼铁为原料，在炽热的炭层中加热渗碳得到的，称为块炼渗碳钢。块炼渗碳钢技术发明后，很快就产生了淬火工艺，以使钢更坚韧。块炼渗碳钢生产率较低，含碳量不高，夹杂物较多，还是一种原始状态的钢。

湖南长沙杨家山春秋 65 号墓出土的铁剑（中国发现的最早的钢制品，采用块炼渗碳钢技术制成）

3. 生铁冶炼技术。

到了春秋后期，人们通过加强鼓风装置和提高炉身等技术手段将炼炉的温度提高，从而产生了生铁冶炼技术。与块炼铁是固体还原法的产品不同，生铁是液体还原法的产品，是在较高的冶炼温度下，使铁矿石液态还原得到。其产品为液态的铁水，铁水注入铸范制成所需的铁器，或者冷却制成备用的铁块。生铁含碳量高，熔点低，质地硬，杂质较少，适合铸造成型，因而又被称为"铸铁"。

生铁冶炼工艺比块炼法更适合连续生产，其原料利用率高，且用铁水直接浇铸成型，能够省工省时，使得铁的产量和质量都大大提高，因而很快占据了主流。生铁冶炼技术的发明，在中国钢铁冶炼技术史上具有划时代意义。生铁冶炼技术产生早，并以之为基础发展出一整套先进的钢铁冶炼和加工工艺，是中国古代钢铁工业与西方最明显的区别。西方长期采用块炼铁技术，欧洲直到 14 世纪才开始生产生铁。

江苏六合程桥东周墓出土的生铁丸（迄今为止世界上最早的生铁实物）

4. 铸铁柔化技术。

生铁冶炼技术初期生产的生铁虽然生产率高，铸造性能好，但其缺点是性脆，韧性较差，用其制作的器具容易断裂，使用性能不佳，因而使用范围有限。约在战国初期，克服生铁脆性的铸铁柔化技术产生。该技术是在高温条件下将生铁铸件长时间加热,使其中的化合碳发生变化,消除大块的渗碳体,从而减少脆性、增加韧性,成为可锻铸铁(又叫展性铸铁)。不同的热处理温度和方法下,会产生黑心和白心两种可锻铸铁,前者耐冲击性较好,后者硬度和强度较高。

铸铁柔化技术的发明为大规模生产铸铁农具、兵器及日用器件等创造了技术条件,加快了中国古代铁器时代的到来。这一技术自战国至南北朝被广泛使用,大大促进了生产力发展。

5. 铸铁脱碳成钢技术。

秦汉时期,在铸铁柔化技术高度成熟的基础上,人们创造了简易、经济的铸铁脱碳成钢的新技术。其方法是将含碳3%—4%的低硅铸铁件,在氧化气氛中进行整体脱碳退火,使含碳量降到钢的范围,而不析出或很少析出石墨,避免成为展性铸铁而直接成为钢件,得到高碳、中碳和低碳的钢制品。

铸铁脱碳成钢是中国古代独有的一种制钢技术,具有重要的意义。古代一般是没有铸钢的,而锻钢生产率很低,加工成型较难,所含杂质较多。铸铁脱碳成钢技术利用生铁生产率较高、容易成型、夹杂较少的优点,通过生铁铸件整体脱碳退火的办法,得到一种组织和性能同近代铸钢相近的铸件,并且避免了繁杂的钢铁工具锻制工序。

6. 炒钢技术。

炒钢技术是西汉早期出现的一项钢铁冶炼技术的重大发明。该技术是将生铁料加热到熔融或半熔融状态,在熔池中鼓风吹炼并加以搅拌,借助空气中的氧把生铁中所含的碳氧化掉,炒炼出纯净的熟铁,或在有控制地脱碳的条件下炒炼出各种含碳量的钢。

炒钢技术的出现和逐步推广改变了整个钢铁工业的面貌,在中国古代钢铁冶炼技术发展史上具有划时代意义。该技术以生产率高、价廉易得的生铁为原料,方法简便易行,适合大规模生产,和其他制钢方法相比具有极大的优越性,因而为钢材的广泛应用创造了条件。由于熟铁和钢均可根据具体需要锻制,西汉中后期之后,钢铁器具的种类日渐丰富,形制也日益成熟。

7. 百炼钢技术。

百炼钢技术是汉代出现的一种特殊制钢工艺，是渗碳制钢工艺的发展。

用百炼钢技术制成的东汉钢剑

其方法是以块铁渗碳钢为原料，在高温下反复折叠、多次锻打，进一步渗碳，使钢材更加纯净，组织更加均匀。炒钢技术发明后，则以炒成的熟铁或钢作为原料，所得产品质量更加优良。百炼钢制作比较困难，成本较高，主要用来制作宝刀、宝剑等贵重器物。

8. 灌钢技术。

大约在南北朝时期，中国炼钢产业诞生了一项重大发明——灌钢技术。该技术是利用生铁碳高、熟铁碳低的特点，将熔化的生铁按一定比例灌进未经锻打的熟铁中，使产生强烈的氧化作用，迅速排出熔渣，碳分渗入。这种炼钢方法成本较低、工艺简便，且得到的钢材质地均匀，质量较高，因而成为南北朝之后中国古代的主要炼钢方法。

由于灌钢技术的出现，到隋唐时我国钢材的生产水平更加大幅度地提高，钢不仅用于制造武器，还广泛应用于农业和手工业工具。灌钢技术是我国古代钢铁冶炼技术的卓越成就，历代对其不断改进完善，在 1740 年坩埚液态炼钢法发明以前，它一直是世界上最先进的炼钢技术。

二、冶炼设备及燃料

1. 高炉。

中国古代主要使用高炉炼铁。高炉从上面装料，下面鼓风，炉料下降，煤气上升，燃料能得到充分的利用，是一种比较合理的冶炼设备。在冶铁技术发展的初期，炼炉炉体较小，构造简单，加上鼓风较弱，导致炉内温度不够高，只能冶炼出块炼铁。到春秋末期，人们已经能够使用高炉冶炼生铁。战国时期，高炉的使用已经较为普遍。从春秋至汉代，高炉经历了一个蓬勃发展的阶段。根据考古发现，汉代高炉多用含二氧化硅较多的耐火黏土砌筑，截面多呈椭圆形,部分为圆形或长方形。在早期鼓风技术较落后的条件下,椭圆形炉缸鼓风和煤气气流更容易到达炉缸中心,有利于提高炼炉的中心温度,从而有效强化冶炼。为了适应铁器需求的飞速增长,当时的高炉建造得相当宏大,比如郑州古荥汉代冶铁遗址一号炉底面积达 8—9 平方米,高度达 5—6 米,有效容积约50 立方米,堪称当时世界上最大的炼铁炉。

由于过于高大的炼炉容易发生爆炸或冻结事故,东汉以后,人们对高炉内径作了适当缩小,使炉内热量集中。魏晋时期,耐火度更高、使用寿命更长的铝土被用作高炉的耐火材料。唐宋以后,炉体进一步改革,出现了炉口向上缩小,炉壁上部向内倾斜的圆锥形高炉。这种结构,气体分布更加均匀,炉料下降顺利,加速了熔化的过程,也减少了事故的发生。随着鼓风技术的进步,更易砌筑、内部无死角的圆形炉缸成为主流,椭圆形和长方形炉缸逐渐被淘汰。

［元］陈椿《熬波图》中的元代土高炉

2. 鼓风设备。

冶铁要用燃料,燃料燃烧需要供风,供风量的大小直接影响燃料燃烧的强度以及炉温的高低,从而决定炼铁的产量和质量。因此,鼓风技术的进步对钢铁冶炼产业发展至关重要。

中国古代最早的冶铁鼓风装置为皮囊,又叫“橐”。皮囊是以皮革制成的风袋,通过风管与炼炉相连,鼓动皮囊可以将风送入炉内。为了加大风量,人们还用多个皮囊同时鼓动送风，这种皮囊组称为"排囊"或"排橐"。皮囊起初用人力鼓动，后来发展为用牛马带动，东汉时期，人们发明了用水力推动的排橐，称为"水排"。水力的使用不仅节省了人力、畜力，而且增强了鼓风的风力，提升了功率，对冶铁业发展作用巨大。

［明］宋应星《天工开物》中所绘
的活塞式木风箱

大约在公元10世纪，人们发明了风扇，即一种简单的木风箱，也叫"木扇"，通过木风箱盖板的开闭来鼓风。后来，在木扇的基础上，又产生了活塞式木风箱。活塞式木风箱内装有可以推拉的大活塞，箱的两端各设一个进风口，口上设有活门。箱的下部或侧部设有一个风道，风道的侧端各设一个出风口，口上亦有活门。通过伸出箱外的拉杆驱动活塞往复运动，可实现双冲程鼓风，比起木扇式鼓风器，送风效果提高一倍。活塞式木风箱设计巧妙，制作简单，工作效率高，代表了中国古代鼓风技术的最高水平。明清时期，活塞式木风箱已经完全取代木扇式风箱，成为钢铁冶炼的主要鼓风设备。

3. 燃料。

燃料在高炉冶炼过程中具有极其重要的作用，既是发热剂，又是还原剂，还充当了料柱骨架。燃料的改进，关系着冶铁业的进步。中国古代的冶炼燃料经历了木炭、煤和焦炭三个阶段。

木炭是我国古代冶炼的基本燃料，其优点是气孔度大，透气性好，又有一定的强度，并且含碳量高，含硫、磷等有害杂质少，用其冶炼出的铁质量较高；缺点是燃烧值低，且对森林资源依赖较严重。

大约从汉代开始，我国已开始采煤，将其用作

［明］宋应星《天工开物》中的
采煤图

燃料。至迟在魏晋时期,煤已应用于生铁冶炼。中国是世界上最早用煤冶铁的国家。到北宋时,用煤冶铁已经十分普遍。煤作冶炼燃料优点是能够提高炉温,加快冶炼速度;缺点是含硫量较高,导致冶炼出的铁脆性增加,影响铁的质量,另外煤的气孔度小,影响透气性,且热稳定性差,容易爆裂。

为了克服煤作为冶炼燃料的缺点,人们又发明了焦炭。焦炭是由煤干馏制得。大约在唐代,我国就有了煤的炼"熟"技术,至迟到明代就已炼出了焦炭。由于含挥发物及硫分、灰分很少,热值高,焦炭发明之后,广泛用于金属冶炼,并一直沿用至今。

拓展迁移

◎ 通过线上浏览或线下参观的方式,有选择地观赏几件重要的铁器文物,了解其制作工艺。

◎ 查阅资料,了解中国古代铁器的种类,制作一份电子小报。

第三节　中国古代金银器

　　金银器，是指以黄金和白银为基本原料加工而成的物品。金、银硬度适中，具有良好的延展性，又有亮丽的天然色泽，且性质稳定，不易氧化变色，是制作工艺品的良好材料。在中国古代，黄金和白银是货币中的硬通货，稀有而价值昂贵，金银制品自然也多为富贵者所拥有，成为财富与地位的象征。正因如此，金银器通常都十分精致、考究，制作不计工本，尽显华美，历代留存下来的金银器几乎件件精品。中国古代金银器在历史文物中占有重要地位，体现了高超的金属工艺水平和独特的艺术审美趣味。

一、中国古代金银器的发展概况

1. 初步发展的夏商西周金银器。

　　中国人对金、银的认识和利用最迟始于夏代。《尚书·禹贡》提到："扬州顾贡，维金三品。"《史记·平准书》中有"虞夏之币，金为三品，或黄，或白，或赤"的记载。"三品"即金、银、铜。1976 年，甘肃省玉门火烧沟遗址（该遗址年代最晚为公元前 1600 多年，大致与夏代同时）出土了几件金、银鼻饮和金耳环，开创了中国古代金银器实物之先河。不过，这几件物品造型简单，制作较为粗糙，其中的金、银也以自然状态存在，是最原始的金银器。

火烧沟遗址出土的金耳环

　　商代和西周时期，青铜器的繁荣为金器的发展提供了基础条件，促进了金器制作工艺的提高。从考古发掘来看，这一时期北方和中原地区主要生产金首饰、金片、金叶、金箔等；而地处西南的四川广汉三星堆出土的金面罩等金器，则具有宗教祭祀的意

商代太阳神鸟金箔

味。总体上,商代和西周的金器小巧简约,以装饰品为主,最常见的是金箔,多用作其他器物上的饰件。其制作工艺建立在青铜器的基础上,以范铸法和锤揲法为主;西周时期,金平脱、錾刻等工艺出现。这一时期的银器鲜有出土,说明相对于金而言,此时银的冶炼和加工技术仍处于原始水平。

西周金腰带

2. 渐趋多样的春秋战国金银器。

春秋蟠龙金带钩

战国银匜

春秋战国时期,随着铁器的广泛使用,社会生产力得到了很大发展,金、银的产量明显增长。金器的使用成为贵族阶层的普遍现象,银器也开始较成规模地出现。这一时期金银器形制、种类增多,在金银装饰品之外,还出现了实用性的金银器皿;造型新颖,以动物造型和青铜器造型为主;在制作技术上,错金银工艺、鎏金工艺、镶嵌工艺等开始较多地运用。从艺术特色和制作工艺看,这一时期的金银器呈现出较明显的地域风格差异。西北和北方草原地区的金银器主要是人身装饰品,流行动物造型和纹饰,制作手法多样,金细工艺发达;中原和南方地区金银器则多为器皿、带钩等,制法大多来自青铜工艺。

3. 走向独立繁荣发展的秦汉金银器。

秦汉时期,金银开采业有了重大发展,金银制造业也发展迅速。除了官营之外,豪富之家也开始制作金银器。这一时期银器取得重大发展,数量明显增多。由于青铜时代的结束,秦汉金银器摆脱了长期作为青铜之附庸的状态,走上独立发展之路。这一时期的金银器在装饰品之外,应用范围不断扩大,产生了医疗器具、权衡器、印章、食具等多种新类别。

汉代凸瓣纹银盒

汉代金印

人们综合使用铸造、焊接、掐丝、抛光等工艺技术，还掌握了焊缀金珠、掐丝镶嵌等技法，金细工艺发展日趋成熟，金银器的形制、纹饰、色彩更加华美玲珑，富丽多姿。

4. 文化融合的魏晋南北朝金银器。

魏晋南北朝时期，金银器的社会功能进一步扩大，器型、纹饰不断创新，制作技术比前代更加娴熟。这一时期的金银器仍以装饰品最为常见，器皿相对较少。由于民族融合加强，对外交流扩大，加之佛教的传播，融合汉族传统文化和北方游牧民族文化风格的金银器，受外来工艺影响的金银器，以及表现佛教内容和题材的金银器在这一时期较为突出。

北魏鹿首金步摇

北燕压印佛像纹山形金饰片

5. 华贵多姿的隋唐金银器。

隋唐时期是中国古代金银器的大发展时期，尤其是唐代，由于国力强盛、文化繁荣、科技进步，加上西方金银器大量传入的影响，金银器工艺飞速发展，达到了前所未有的高峰。初唐时期的金银器受到波斯萨珊王朝金银器风格的深刻影响，带有浓郁的异域风情；中晚唐的金银器则越来越多地具有传统汉文化特点。唐代金银器种类丰富，尤其是金银器皿得到了极大发展；造型多样，纹饰精美，工艺高超，形成了丰满富丽、雍容华贵的时代风格。这一时期的金银器工艺技术复杂、精细，钣金、锤击、浇铸、焊接、切削、抛光、铆镀、镂空等工艺均广泛使用，多数产品在制作过程中综合使用若干种不同的工艺技术。

唐代鎏金飞鸿球路纹银笼

唐代鎏金伎乐纹八棱银杯

6. 素雅婉约的宋元金银器。

宋代,随着城市的繁荣和商品经济的发展,民间私营的金银器制作行业兴盛起来。金银器的使用开始民间化,造型也更适合民间使用,制作精巧简朴,形成了与唐代不同的朴素清新、典雅秀美的风格。这一时期的金银器重视造型的艺术性和创造性,同一种器物往往变化出多种不同的造型;纹饰简约,纹样题材广泛,呈现出素雅大方和日常化的审美趣味,并且融入了绘画艺术,充满诗情画意,外来文明的特征渐趋淡化,而更多地增添了中国传统文化的韵味。宋代金银器制作技术的创新体现在连接工艺、模压工艺、套接工艺、夹层套胎工艺等的使用。

宋代圆银碟

元代银奁

元代统治者对金银器十分热衷,这样的风气也极大地影响了民间,以至富裕的平民之家也流行使用金银器,从而促进了金银制造业的发展。此时民间金银手工业兴盛,涌现出一批名家和名品。元代金银器品种除日用器皿和饰品外,陈设、文房以及梳妆用具增多。从艺术风格上看,这一时期的金银器总体上受到宋元瓷器的影响,重造型而轻装饰,多为素面,仅在局部有点缀;然而亦有某些金银器纹饰华丽繁复，工艺复杂。

7. 富丽堂皇的明清金银器

明代开始，金银器的风格越来越趋于繁复、浓艳、华丽，素面者少而纹饰结构繁密者多。在制作上，明代金银器集传统花丝、镂刻、镶嵌等技术之大成，显示出高超的工艺技巧；较多地使用宝石镶嵌等手段，并盛行与玉器、木器、漆器等其他工艺相结合，创造出复合工艺的作品。

明代金首饰

清代金雕花嵌宝石八角盒

清代金银器空前发展，尤其是皇家金银器的使用遍及其政治和日常生活的各个方面。这一时期金银器的器型和纹饰更加呈现出华丽繁缛、明艳精致的风格特征，纹饰繁密瑰丽，常以各色宝石点缀搭配，色彩缤纷，富丽堂皇。此时出现了在金银器上点烧透明珐琅或以金掐丝填烧珐琅等工艺。清代金银器制作的各种手法发展成熟，综合运用，其制作之精工、细腻为此前历代所不能及。

术语辞典

平脱：古代漆器装饰工艺之一。将金、银纹饰用胶漆平粘于器物表面，上漆若干道，然后加以细磨，使粘上的纹饰脱露出来。

錾刻：古代金属加工工艺之一。通常使用钢制的各种形状的錾子，用小锤敲击钢錾，将花纹刻在金属表面。

错金银：古代金属加工工艺之一，亦称"金银错"。用金、银丝或片嵌入青铜器表面，构成纹饰或文字，然后用错石错平磨光。

　　鎏金：古代金属加工工艺之一，亦称"涂金""镀金""镏金"等。将金和水银合成的金汞剂涂在金属器物表面，加热使水银蒸发，使金牢固地附着在金属器物表面不脱落。

　　掐丝：古代金工传统工艺之一。将金、银捶打成极薄的片，剪成细条，慢慢扭搓成丝，可以单股，也可以多股，制作成一定形状的器物或饰件。

　　炸珠：古代金工传统工艺之一。将金、银熔化，再把金、银液倒入水中，利用金、银液与水温度的显著差别，使之结成大小不等的小颗粒，然后按照一定的图案将它们焊接在器物表面。

二、古代金银器珍品鉴赏

1. 战国鹰顶金冠饰。

　　鹰顶金冠饰 1972 年出土于鄂尔多斯市杭锦旗阿鲁柴登战国匈奴墓，现藏于内蒙古博物院。金冠由冠顶和额圈组成，冠高 7.1 厘米、额圈直径 16.5 厘米，重 1 211.5 克。冠顶作半球面形，连弧边，表面浮雕四组狼与羊咬斗的图案，上面站立一只展翅欲飞的雄鹰，作俯视狼羊咬斗的姿态。鹰的头和颈以绿松石与金饰串联构成。额圈由三条半圆形的绳索式金带插铆而成，每条的两端分别有伏虎、盘角羊、卧马的浮雕图案，其余主体部分饰绳索纹。该冠以生动逼真的动物形象作为装饰题材，呈现出典型的北方游牧民族风格；制作工艺包括锤揲、錾镂、抽丝、编索、镶嵌等，代表了战国时期中国北方民族金细工艺的技术水平和艺术造诣。

2. 东汉金灶。

　　该灶 1966 年出土于西安市未央区卢家口村，现藏于西安博物院。长 3 厘

米,宽1.7厘米,高1.2厘米,重5.2克。整个灶体由灶门、灶膛、灶台、釜和烟囱组成。灶台上放置的釜内盛满金粟米,系用焊缀金珠工艺制作而成,粒粒可见。灶台周围有用掐丝工艺制成的盘绕带纹和弧形纹样。灶台右上角装有细金丝盘旋竖起的烟囱。釜前两侧原嵌有两颗绿松石,现已脱落,留有嵌痕。正前面为拱形,其上镶嵌一颗绿松石,下面是方形灶门。灶门周围装饰有以金丝、联珠组成的S形和弧形纹饰图案,其余三面为同样的纹饰,连贯纹样为汉代盛行的流云纹。下有椭圆形灰盘。灶底有篆书"日利"两字铭文。该灶造型小巧,形象逼真,做工精致,工艺复杂,是掐丝和焊缀金珠工艺在汉代金银器上使用的典型之作。

3. 唐代鎏金鹦鹉纹提梁银罐。

鎏金鹦鹉纹提梁银罐为1970年西安市南郊何家村窖藏出土,现藏于陕西历史博物馆。高24.2厘米,口径12.4厘米,底径14.3厘米,重1879克。大口,短直颈,鼓腹浑圆,喇叭形圈足。带盖,盖为覆扣的侈口碗形。提梁插在罐肩焊接的两个葫芦形附耳之内,可以来回活动。整器采用钣金成型,平錾花纹,纹饰鎏金。罐体中心以鹦鹉纹作为主体纹饰,折枝花团围绕着鹦鹉。唐代达官贵人喜欢蓄养鹦鹉,鹦鹉遂成为当时吉祥纹饰的一种。器身其余空白处用鱼子纹填满,象征着多子多福。罐盖内有墨书两行"紫英五十两""白英十二两",由此判断此罐应为储存炼丹药物之用。该罐造型丰满大气,纹饰繁密富丽,体现出典型的唐代艺术风格。其集钣金、錾刻、鎏金、焊接、切削等多种工艺于一体,代表了唐代金银器手工技艺的杰出成就。

4. 宋代芙蓉花瓣金碗。

芙蓉花瓣金碗1973年出土于四川安县文星村,现藏于四川博物院。高4.8厘米,口径9厘米。敞口,深腹,喇叭形圈足。碗壁上下部均饰花瓣纹,上部八片花瓣成顺时针方向叠压一圈,下部反向叠压,上下错落相交,层次分明。碗内底部刻花蕊和三片花瓣。整个碗体造型似一朵盛开的芙蓉花。采用锤揲工艺成型,表里同时使用錾刻工艺作细部刻划,线条细腻,纹饰精美,富有立体感。该碗器型新颖别致,朴质无华,典雅自然,体现了宋人追求简约、崇尚淡雅的审美情趣。

5. 清代金嵌珍珠天球仪。

金嵌珍珠天球仪为清代乾隆年间内务府造办处所制,现藏于故宫博物院。天球仪是一种天文教学仪器,在一可绕轴转动的圆球面上绘有星座、星官、黄道、赤道等,用以帮助使用者认识星空。金嵌珍珠天球仪由球体、支架和底座三部分组成。通高82厘米,架高61.5厘米,球径29.5厘米。球体由金叶锤打的两个半圆合为一体,接缝处为赤道。用珍珠镶嵌28星宿、300个星座和2200多颗星。支架造型为9条神态各异、环绕攀行的龙,眉目鳞爪,栩栩如生。下方有圆形珐琅盘底座,以四兽头为足,中心设有指南针。该天球仪将科学的严谨与艺术的美感融合在一起,设计独具匠心,錾雕工艺娴熟,尽显奢华。

拓展迁移

◎ 通过线上浏览或线下参观的方式,有选择地观赏几件重要的金银器文物,了解其制作工艺。

◎ 查阅资料,了解中国古代金银器的种类,制作一份电子小报。

第八章
道法自然养身心

　　大自然包蕴无穷，中国古人善于从自然中寻求补益身体、陶冶性情的养分，彰显出中华传统文化"人法地，地法天，天法道，道法自然"的智慧。

第一节　谈医说药

一、"本草"与"中药"

　　中国古代称中药为"本草"。"本草"之名，首见于东汉班固的《汉书》。《汉书·郊祀志》载"候神方士使者副佐、本草待诏七十余人皆归家"，这里"本草待诏"是官名，是朝廷授予本草专家的官职。《汉书·平帝纪》载"征天下通知逸经、古记、天文、历算、钟律、小学、史篇、方术、本草，及以五经、论语、

形形色色的中药材

孝经、尔雅教授者……至者数千人"，这里"本草"和"天文""历算"等学科并列。《汉书·游侠传》载楼护"少随父为医长安，出入贵戚家。护诵医经、本草、方术数十万言"，此处"本草"和"医经""方术"并列，同为独立的医药学分科。

　　"本"的原始意义是根，引申为本源、来源的意思；"草"则是草本植物或所有植物的泛称。"本草"有"以草为本"的意思。关于以"本草"称中药的原因，五代医家韩保昇解释说："按药有玉石草木虫兽，而直云本草者，为诸药中草类最多也。"即中药种类繁多，但其中植物药占大多数，因而以"本草"指称中药。另外，中国古代亦称中药著作为"本草"。

　　在我国古代典籍中，"中药"一词最早记载于《神农本草经》，该书按药物的性能和功效将其分为上、中、下三品，其中，"中药一百二十种为臣，主养性以应人，无毒有毒，斟酌其宜。欲遏病补虚羸者，本中经"。此处"中药"是一个药物分类术语，是相对"上药"和"下药"而言的，专指无毒或有毒，能补虚祛邪的中品药物。可见这里"中药"一词的含义与现在完全不同，而具有现行含义的"中药"一词在传统的医药典籍中并未见到。

现在我们所使用的"中药"这一术语的出现，与外来药物，尤其是西药的输入直接相关。早期传入的外来药物对我国传统药学的影响并不大，而且很快被收入历代本草之中，并被赋予了中医药理论体系的特有内涵，丰富和发展了我国传统药学。近代以来，西方医药学输入日益增多，且影响日益扩大，到20世纪20年代，在中国一些大城市已经形成中西药共存并重的局面。为了便于区分中西药的差异，人们逐渐把中国传统药物称为"中药"。

二、中国古代药学之最

1. 伊尹——相传为中药汤剂创始人，撰写了最早的中药汤剂专著。

伊尹是商初大臣，初为厨师，善烹饪，后以才智受到商王汤赏识，被委以重任，又因辅佐商王有功被提升为相。伊尹对药理也很精通，他将烹调食物的方法运用到中草药加工中，首创煎药之法，由此发明了中药汤剂。汤剂将生药转变为熟药，既可降低药物的毒副作用，又便于服用和发挥药效，因而成为中药的主要剂型之一。《汉书·艺文志》中记载有《汤液经法》32卷，一般认为是伊尹所撰。这是中国最早的中药汤剂专著，后因战乱散佚。医圣张仲景《伤寒杂病论》中许多方剂据考证是源自《汤液经法》。

伊尹像

2. 《神农本草经》——我国现存最早的药物学专著。

《神农本草经》是秦汉时人托名"神农"所作，是众多医学家搜集、整理、总结当时药物学经验成果，对中医药进行的第一次系统总结。全书共收载药物365种，详述药物性味、功用和主治，并根据药物性能和使用目的的不同，将药物分为上、中、下三品。《神农本草经》中蕴含着丰富而深刻的药物理论，奠定了中国传统药物学的理论框架。书中提出的大部分中药学理论和配伍规则以及"七情和合"原则，在几千年的用药实践中发挥了巨大作用，是中医药物学理论发展的源头。

3. 麻沸散——世界上最早的麻醉剂。

麻沸散是中国古代著名的中草药麻醉方剂,也是世界上最早的麻醉剂,由东汉末名医华佗创制。华佗内、外、妇、儿诸科皆精通,尤其擅长外科,他发明麻沸散,首创开腹术,被后世医者誉为"外科始祖"。据《后汉书·华佗传》《三国志·魏书·方技传》记载,华佗给人治病时,如遇病症郁结在体内,针灸药物治疗不到,他就让病人用酒冲服麻沸散,实行麻醉,待病人失去知觉后,剖开其腹背,实施手术治疗。麻沸散是历史上最早的药物麻醉剂,开中医麻醉法的先河。可惜的是,麻沸散的处方后来失传。

4.《雷公炮炙论》——我国最早的中药炮制学专著。

《雷公炮炙论》是南朝宋药学家雷敩所著,全书 3 卷,载药物 300 种,系统记述药物的性味、煮熬、炮制、修治等理论和具体操作方法。该书全面总结了南北朝以前的中药炮制技术和经验,是中国历史上对中药炮制技术的第一次大总结,初步奠定了中药炮制学的基础。

5.《唐本草》——世界上最早的国家药典。

唐朝建立后,政治清明,经济繁荣,对外交流日益频繁,中医药事业也得到了全面发展。唐高宗时,由长孙无忌领衔(后改由李绩领衔),偕苏敬等 20 余人负责撰修药典。为此,朝廷诏令全国各地,对当地药物资源作全面深入的普查,并逐一绘出图样,连同其他药物资料一并上报。显庆四年(659)成书,命名为《新修本草》,后世称《唐本草》。《唐本草》共 53 卷,共收药物 844 种,并有绘图。这是世界上第一部由国家编定并颁布的药典,比欧洲最早的药典《纽伦堡药典》早 800 多年。

6.《本草纲目》——我国古代内容最丰富、影响最深远的药物学专著。

《本草纲目》是明代李时珍所著,全书 52 卷,分 16 部、60 类,载药 1892 种。该书对每种药物详述产地、形态、栽培及采集方法,考订品种真伪和纠正文献记载错误,说明炮制法,分析性味和功用,并附古代医家和民间流传方剂。书中附 1 100 余幅药物图。《本草纲目》体量巨大,内容丰富,在药物学之外,对植

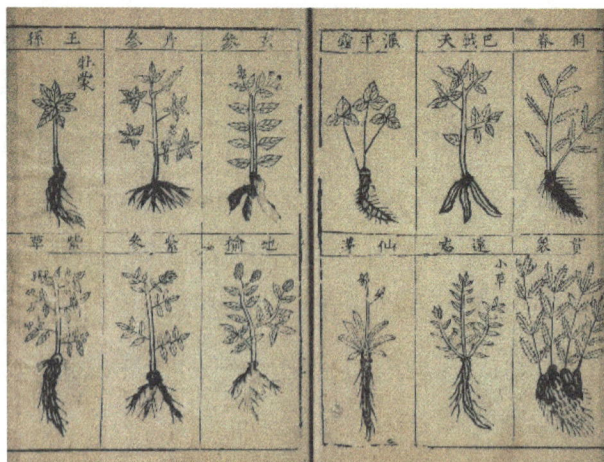

［明］李时珍《本草纲目》中的药物图

物学、动物学、矿物学、物理学、化学、农学等学科亦多有涉及。该书系统总结了中国 16 世纪以前的药物学知识与经验，对中国药物学的发展起着巨大作用。书中对药物的分类融入了生物进化思想，是当时世界上最先进的药物分类方法。

三、传统中药剂型和制药技术

中药有着悠久的制药历史，人们根据药物性质、用药目的以及给药途径创制出许多剂型，体现出发达的制药技术。

根据文献记载，早在夏禹时代，随着酿酒技术的产生，人们已经开始将药物浸制成药酒，创制出酒剂。在酿酒的同时又发现了曲，曲剂也随之出现。商代人们开始使用汤剂，相传为商初伊尹所著的《汤液经法》中记载了汤剂及其制备技术。战国时期的《五十二病方》中记载有丸剂、散剂等，该时期丸剂较为常用，出现了以酒、醋、油脂制丸的技术。先秦至西汉间成书的《黄帝内经》中有汤剂、丸剂、散剂、膏剂、酒剂等剂型及其制法的记载。

西汉之后，人们根据治病用药的需要创制出多样的中药剂型。东汉张仲景的《伤寒论》和《金匮要略》中记载有坐剂、导剂、含化剂、滴剂、糖浆剂、软膏剂、洗剂、栓剂等 10 余种新剂型。这一时期，人们还发展了制剂的新辅料，用动物胶汁、炼蜜、枣肉和淀粉糊作为丸剂的赋形剂。晋代葛洪《肘后备急方》中记载有硬铅膏、干浸膏、浓缩丸、蜡丸、熨剂、尿道栓剂等剂型，并首次提出"成药"这一概念，以专章论述。唐代孙思邈《千金要方》《千金翼方》中对制药的理论、工艺和质量问题等都有论述，书中所载"紫雪丹""磁朱丸""定志丸"等中成药至今仍在沿用。宋代是我国成药大发展的时期，当时设立有专门的制药、售药机构（和剂局、惠民局）。这一时期编制的《太平惠民和剂局方》，收载了大量的方剂及其制备方法，是我国第一部由官方颁布的中药制剂规范。明代李时珍《本草纲目》收载中药剂型近 40 种。明清时期，中药剂型齐备，制剂品种繁多，制药技术日益发展成熟。

古代中医制药器械——杵臼

［宋］张择端《清明上河图》中的宋代医药铺

拓展迁移

◎ 自选一种常见的中药药剂，说说它的剂型，并查阅资料，了解其主要成分和功效。

第二节　植物"四君子"

在中国传统文化中，梅、兰、竹、菊被称为"四君子"，千百年来以其清雅淡泊的品质为世人所钟爱。植物"四君子"成为一种人格品性的文化象征，一方面是其自身的特性使然，另一方面亦与历代文人墨客、隐逸君子的赏识推崇不无关系。这四种植物不仅经常充当中国传统花鸟画的主角，而且还是古典文学作品的重要题材及意象。

［清］虚谷《梅兰竹菊》四季屏

一、梅花

梅花是中国十大名花之首，因其在严寒中开百花之先，而与松、竹并称"岁寒三友"。在中国传统文化的意象世界中，梅花剪雪裁冰，一身傲骨，是为高洁志士。它不仅以清雅高逸的风姿入诗入画，更被视为坚韧不拔、自强不息的民族精神的象征。中国历代文人墨客爱梅、颂梅者极多。

1. 植物特征。

梅属蔷薇科落叶乔木，原产于中国。树高 4—10 米。树冠开展，树皮淡灰色或带绿色，平滑。小枝细长，枝端尖，绿色，无毛。单叶互生，叶卵形或广卵形，边缘有细锐锯齿。花无梗或具短梗，原种淡粉红色或白色，栽培品种有紫红、彩斑及淡黄色，有芳香，冬季或早春先叶开放，可供观赏。核果近球形，未熟时为青色，成熟时一般呈黄色，味极酸，可食用或入药。

2. 象征意义。

梅花开放于冬季或早春，与其他众多花卉相比，其所处的自然环境非常恶劣，却仍在凌厉寒风中傲然绽放，被人们视为最有骨气的花。在中国传统文化中，梅花被赋予坚韧、高洁、谦虚的品格，历代无数文人墨客爱梅、赞梅，古典文学艺术史上关于梅的诗和画数量之多，恐怕是其他花卉所不及的。"墙角数枝梅，凌寒独自开。遥知不是雪，为有暗香来。"这首诗描绘了梅花不畏严寒、独

［清］高凤翰《梅花图》　　　　　　　［明］唐寅《梅花书屋图》

自盛开的形象。"无意苦争春，一任群芳妒。零落成泥碾作尘，只有香如故。"这里又咏赞了梅花不与群芳争艳的高洁谦逊之美。我们更为熟悉的那句"待到山花烂漫时，她在丛中笑"，更是将梅花作为不畏困难、乐观自信、敢于挑战、崇高无私的民族精神的象征。梅花的傲骨激励着一代又一代中国人自强不息、奋勇前进。

在民间，梅花还被视为吉祥之花。梅树是长寿之木，中国很多地区尚留存有千年古梅。人们遂赋予梅花吉祥美好的寓意，以其五片花瓣象征福、禄、寿、喜、财五福。又因梅花的开放时节，人们还将其看作报春传喜的"信使"，寓意春回大地，福满人间。

3. 相关文学作品欣赏。

卜算子·咏梅

［宋］陆 游

驿外断桥边，寂寞开无主。已是黄昏独自愁，更著风和雨。

无意苦争春，一任群芳妒。零落成泥碾作尘，只有香如故。

山 园 小 梅

［宋］林 逋

众芳摇落独暄妍，占尽风情向小园。

疏影横斜水清浅，暗香浮动月黄昏。

霜禽欲下先偷眼，粉蝶如知合断魂。

幸有微吟可相狎，不须檀板共金樽。

二、兰花

兰花是中国十大名花之一，是传统的观赏植物。与其他花卉相比，兰花没有艳丽醒目的花朵，其之所以受到人们喜爱，是因为那独特的高贵文雅的气质和清幽宜人的香气。汉代蔡邕《琴操·猗兰操》中记载，孔子曾感叹"兰当为王者香"，这一赞美使兰香一跃成为公认的香气之王。在中国传统文化的意象世界中，兰花空谷幽放，香雅怡情，是为贤德高士。兰花所代表的精神境界极为中国古人所追慕,因而积淀了深厚的兰文化。

1. 植物特征。

兰花是兰科 70 多种植物的统称,而中国兰文化中的兰花是指兰科中具有较高观赏价值的一些兰属种类,这些种类在中国具有悠久的栽培历史,被称为"国兰",主要包括春兰、蕙兰、建兰、墨兰、寒兰等系列。国兰为多年生草本植物,通常具有假鳞茎,假鳞茎较小。叶线形,根肉质。花茎直立,花小而芳香,通常为淡绿色有紫红色斑点,不同种类花叶形态及花期差异较大。

2. 象征意义。

孔子被认为是中国兰文化的开创者,《孔子家语》中记载孔子释述"芝兰生于深林,不以无人而不芳。君子修道立德,不谓穷困而改节",由此奠定了兰花品格的基调。空谷生幽兰,兰花最令人倾倒之处是其"幽",它从不取媚于人,也不愿移植于繁华都市,因为一旦离开清幽净土,则不免为尘垢玷污,唯其生长在深山野谷,才能洗净那种绮丽香泽的姿态,以清雅素淡的香气长葆本性之美。这种"不以无人而不芳"的"幽",不仅是一种林泉隐士的气质,更是一种"人不知而不愠"的君子风度,一种不求仕途通达,不沽名钓誉,只追求胸中志向、保全美好人格的崇高境界。

[明]文徵明《兰花图》扇页

　　宋人郑思肖在南宋灭亡之后，隐居吴中（今苏州），为表示自己不忘故国，坐卧必朝南方，常画"露根兰"，笔墨纯净，枝叶萧疏，兰花的根茎不着泥土，隐喻山河破碎而无地扎根之痛，表现不与统治者同流合污的气节。寥寥数笔，却笔笔血泪。元代画家倪瓒曾为其题诗："秋风兰蕙化为茅，南国凄凉气已消。只有所南心不改，泪泉和墨写《离骚》。"文人墨客爱兰、咏兰、画兰，无不是借兰花的贞洁幽美来展现自己的人格襟抱和精神品性。

［宋］郑思肖《墨兰图》

3. 相关文学作品欣赏。

古风（其三十八）

［唐］李　白

孤兰生幽园，众草共芜没。

虽照阳春晖，复悲高秋月。

飞霜早淅沥，绿艳恐休歇。

若无清风吹，香气为谁发？

幽　兰　操

［唐］韩　愈

孔子伤不逢时作。

　　兰之猗猗，扬扬其香。不采而佩，于兰何伤。今天之旋，其曷为然。我行四方，以日以年。雪霜贸贸，荠麦之茂。子如不伤，我不尔觏。荠麦之茂，荠麦之有。君子之伤，君子之守。

三、竹子

竹子枝叶俊秀，四季常青，幽雅别致，在中国园林艺术中应用极为广泛。我国栽培竹子的历史悠久，文人雅士和布衣平民都喜爱竹子，数千年的文明史孕育了独特的竹文化。竹子劲节虚空，萧疏挺拔，是为谦谦君子。它为中国传统文学和艺术增添了一分俊逸超然的神韵。

1. 植物特征。

竹是多年生禾本科植物，品种繁多，有的低矮似草，有的高大如树。有木质化长或短的地下茎。秆木质化，有明显的节，节间中空。主秆上的叶缩小而无明显的主脉；普通叶片具短柄，且与叶鞘相连处成一关节，容易从叶鞘脱落。不常开花，种子称为竹米。分布于热带、亚热带至暖温带地区，东亚、东南亚和印度洋及太平洋岛屿上分布最集中，种类也最多。

2. 象征意义。

竹在清风中簌簌的声音，在夜月下疏朗的影子，在风霜中劲挺的身姿，使其成为中国古代文人居室住宅中最为常见的风雅之物。东晋名士王子猷指竹说："何可一日无此君！"苏东坡诗言："可使食无肉，不可居无竹。无肉令人瘦，无竹令人俗。"

在挺拔俊逸的形貌之外，竹最令人们推崇的是它那"劲节""虚空"

［明］沈贞《竹炉山房图》

"萧疏"的品格。它的"劲节"，代表着不屈的骨气；它的"虚空"，代表着谦逊的胸怀；它的"萧疏"，代表着超然的志趣。

3. 相关文学作品欣赏。

题刘秀才新竹

［唐］杜　牧

数茎幽玉色，晚夕翠烟分。

声破寒窗梦，根穿绿藓纹。

渐笼当槛日，欲碍入帘云。

不是山阴客，何人爱此君？

新　竹

［宋］杨万里

东风弄巧补残山，一夜吹添玉数竿。

半脱锦衣犹半着，箨龙未信怯春寒。

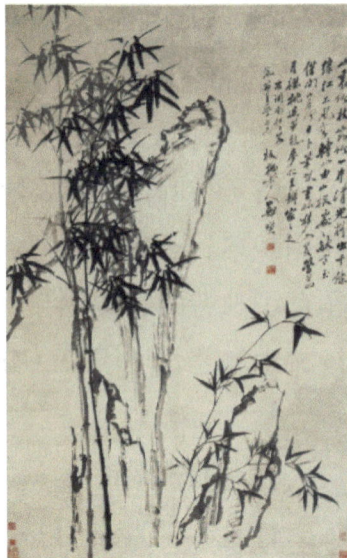

［清］郑燮《竹石图》

四、菊花

菊花是中国十大名花之一，原产于中国，栽培历史已逾 3 000 年。菊花不仅有食用、药用等实用价值，还被中国传统文化赋予了许多精神内涵。菊花凌霜飘逸，特立独行，是为孤标隐士。它为中国古代文人支撑起一片超然物外的精神家园。

1. 植物特征。

菊花属菊科，多年生草本植物。茎色嫩绿或褐色，除悬崖菊外多为直立分枝，基部半木质化。单叶互生，卵圆形至披针形，边缘有锯齿或深裂。秋季开花，头状花序，大小、颜色和形

状因品种而异。原产中国,久经栽培,品种很多;现在世界各地普遍栽培。

2. 象征意义。

如果说冬梅斗霜冒雪是一种不屈不挠的品格,春兰空谷自适是一种遗世独立的情怀,那么秋菊则是二者兼而有之。晚秋时节,斜阳下,矮篱畔,一丛黄菊傲然开放,不畏严霜,不辞寂寞,无论出处进退,显示出可贵的品质。

[明]徐渭《墨花九段图卷》中的菊花

(传)[宋]赵令穰《陶潜赏菊图》(局部)

儒、道两种精神一直影响着中国古代的士大夫,文人多怀有一种"穷则独善其身,达则兼济天下"的思想。他们胸怀崇高的理想,经世济民;若时运不齐,他们则达观自适,坚守节操,而菊花的品格与士大夫的精神不谋而合。咏菊的诗人可以上溯到战国时期的屈原,他吟咏"朝饮木兰之坠露兮,夕餐秋菊之落英",以明高洁之志。而在东晋陶渊明"采菊东篱下,悠然见南山"之后,千载以下,菊花更作为士大夫精神人格的象征出现在诗中画里,那种卓然挺立又中和恬淡的气质,俨然倾诉着君子自得自乐、儒道双修的精神。

菊花在秋季开放,故为秋的象征,人们把九月称为"菊月"。"九"与"久"同音,因此菊花也被民间视为长寿或长久的象征。

3. 相关文学作品欣赏。

菊　花

[唐]元　稹

秋丛绕舍似陶家,遍绕篱边日渐斜。

141

不是花中偏爱菊，此花开尽更无花。

重阳席上赋白菊

〔唐〕白居易

满园花菊郁金黄，中有孤丛色似霜。

还似今朝歌酒席，白头翁入少年场。

拓展迁移

◎ 再搜集一些吟咏梅、兰、竹或菊的古诗词，并加以赏析。